Hans Jellouschek

Die Kunst, als Paar zu leben

Das Buch

Die Erfahrungen aus langen Jahren Paarberatung: Sieben Schritte zu einer glücklichen Partnerschaft. Was Paare vermeiden sollten und was sie tun können: »Ich will zeigen, dass das, was wir alle heute suchen und was uns so schwer gelingt, nämlich eine lebendige erotische Liebe und eine verlässliche Dauerhaftigkeit, keine Widersprüche sind, vielmehr dass beide aus dem Wesen der Geschlechterliebe sogar notwendig zusammengehören« (Hans Jellouschek).
Der Bestseller des bekannten Paartherapeuten.

Der Autor

Hans Jellouschek, Dr. theol., Lic. phil. ist Eheberater, Psychotherapeut und Lehrtherapeut für Transaktionsanalyse. Psychotherapeutische Praxis in der Nähe von Stuttgart mit dem Schwerpunkt Paartherapie. Langjährige Tätigkeit in der Fort- und Weiterbildung von Therapeuten und Eheberatern. Zuletzt erschienen bei Kreuz: Achtsamkeit in der Partnerschaft. Was dem Zusammenleben Tiefe gibt. Und zusammen mit Bettina Jellouschek-Otto: Wau! Was Paare von Hunden lernen können.

Hans Jellouschek

Die Kunst, als Paar zu leben

HERDER

FREIBURG · BASEL · WIEN

HERDER spektrum Band 6499

MIX
Papier aus verantwor-
tungsvollen Quellen
FSC® C083411

Titel der Originalausgabe: Die Kunst, als Paar zu leben
© Kreuz Verlag in der Vrlag Herder GmbH, Freiburg im Breisgau 1992
ISBN 978-3-7831-2614-3

© Verlag Herder GmbH, Freiburg im Breisgau 2013
Alle Rechte vorbehalten
www.herder.de

Umschlagkonzeption: Agentur RME Roland Eschlbeck
Umschlaggestaltung: Verlag Herder
Umschlagmotiv: © Mauritius Images

Satz: de·te·pe, Aalen
Herstellung: CPI – Clausen & Bosse, Leck

Printed in Germany

ISBN 978-3-451-06499-9

Inhalt

Als sie einander acht Jahre kannten
(und man darf sagen: sie kannten sich gut),
kam ihre Liebe plötzlich abhanden.
Wie andern Leuten ein Stock oder Hut.

Sie waren traurig, betrugen sich heiter,
versuchten Küsse, als ob nichts sei,
und sahen sich an und wussten nicht weiter.
Da weinte sie schließlich. Und er stand dabei.

Vom Fenster aus konnte man Schiffen winken.
Er sagte, es wäre schon Viertel nach vier
und Zeit, irgendwo Kaffee zu trinken.
Nebenan übte ein Mensch Klavier.

Sie gingen ins kleinste Café am Ort
und rührten in ihren Tassen.
Am Abend saßen sie immer noch dort.
Sie saßen allein, und sie sprachen kein Wort
und konnten es einfach nicht fassen.

Erich Kästner, 1929[1]

Einleitung

Dieses Buch ist die stark erweiterte Fassung eines Vortrags, den ich vor einigen Jahren im Evangelischen Bildungswerk Stuttgart gehalten habe. Der Titel war der gleiche: »Die Kunst, als Paar zu leben.« Der Untertitel – gleichsam als dunkle Folie dazu – lautete: »Warum heute viele Ehen scheitern.« – Zu diesem Vortrag kamen über 1000 Menschen. Ich war von dem Ansturm völlig überrumpelt, denn ich hatte nicht damit gerechnet, mit dieser Thematik ein so zentrales Interesse zu berühren.

Es war wohl zweierlei: Zum einen sprach ich hier das Scheitern in Paarbeziehungen an, das wir heute massenweise erleben. Die Zahl der Scheidungen scheint sich bei uns auf hohem Niveau, etwa bei einem Drittel aller Ehen, einzupendeln, in Großstädten ist die 50-Prozent-Marke nicht mehr fern.

Dabei erfasst keine Statistik die Trennungszahlen bei nicht-ehelichen Lebensgemeinschaften, und niemand kennt die Zahl derer, denen es so ergeht wie dem Paar in Kästners Gedicht, dessen Partner zwar äußerlich zusammenbleiben, aber sich innerlich schon lange voneinander verabschiedet haben.

Zum andern legte der Vortrag nahe, dass das Leben als Paar eine Kunst sei, das heißt, dass es hier, in bestimmten Grenzen zwar und mit einiger Mühe, ein Können zu erwerben gebe, mit dessen Hilfe sich ein Scheitern vermeiden lasse.

Dass so viele Menschen aus dem Überangebot eines Großstadt-Programms ausgerechnet diesen Vortrag wählten, scheint mir ein Hinweis zu sein, dass die hohen Scheidungsziffern keineswegs besagen, dass wir die Paarbeziehung heute nicht mehr so ernst nehmen wie frühere Generationen. Eher das Gegenteil scheint zu stimmen. Der auf Dauer angelegten Liebesbeziehung der Geschlechter wird heutzutage ein zentraler Stellenwert eingeräumt. Vor allem darin suchen wir unser individuelles Glück, wir suchen es und finden es sehr oft nicht. Warum das so ist, darauf werde ich in diesem Buch eingehen. Wenn wir der Paarbeziehung aber einen so hohen Stellenwert für unsere individuelle Lebenserfüllung einräumen, wie kommt es dann, dass wir, wie das große Interesse an dem Vortrag zu zeigen scheint, diese Kunst erst noch zu lernen haben?

Früher waren die Ehen jedenfalls viel haltbarer. Heißt das, dass man damals diese Kunst besser beherrschte als heute? Ich meine: nein. Denn früher war das Leben als Paar keine Kunst, sondern eher ein Schicksal, dem man sich zu fügen hatte. Über die Verliebtheitsphase hinaus, die dazu noch keineswegs als Voraussetzung der Ehe angesehen wurde, spielte die Zweierbeziehung kaum eine Rolle. Sie war eingebettet in die Familie. Paarbeziehung als eigene Lebensform gab es als Regelfall nicht. Nicht zufällig redeten sich noch unsere Eltern gegenseitig sehr oft mit »Mutter« und »Vater« an, nicht mit Vor-, geschweige denn mit Kosenamen. Ich verwendete für meine Mutter eine fremde Sprache, die sie nicht verstehen konnte, als ich ihr vor Jahren von meinen Problemen in der Ehe erzählen wollte. Für sie gab es nur eines: »zusammenhalten«, das war klar, alles andere spielte für sie eine untergeordnete Rolle. Die Paarbeziehung war so gut wie identisch mit der Elternbeziehung.

Aber es gab noch weitere Gründe, die eine eigene Kunstfertigkeit für das Leben zu zweit nicht erforderlich machten. Die Ehen wurden durch andere Faktoren zusammengehalten. Ein wesentlicher davon war die wirtschaftliche Situation. Sie machte es für die große Mehrzahl der Menschen undenkbar, sich zu trennen. Die Ehe war eine Wirtschaftsgemeinschaft, notwendig für das Überleben. Natürlich spielen auch heute wirtschaftliche Überlegungen noch immer eine große Rolle und verhindern manchmal eine Trennung, auch wenn die Eheleute sonst nichts mehr verbindet. Aber der wachsende Wohlstand und die immer häufigere Berufstätigkeit der Frauen machen es möglich, auch als getrennte Partner und als Teilfamilien zu überleben. Die ökonomische Situation büßt ihren stabilisierenden Einfluss auf die Mehrzahl der Ehen immer mehr ein.

Ein weiterer Faktor, der eine Kunst in Sachen Paarbeziehung unnötig machte, war die festgeschriebene und klar eingespielte Rollenaufteilung zwischen Frau und Mann. Diese Rollenaufteilung war auf Ergänzung angelegt. Die Frauen waren für alles zuständig, was mit der Ernährung und Pflege zu tun hatte, die Männer dagegen für den Lebenskampf. Diese Rollenaufteilung wurde im Industriezeitalter extrem vereinseitigt und polarisiert, weil die Existenzsicherung und Erwerbsarbeit ausschließlich zur Sache der Männer wurde und die Frauen sich auf den Binnenraum der Familie, auf Haushalt, Kinder und »Gefühlsarbeit« einzugrenzen hatten. Diese Rollenaufteilung bewirkte, dass der Mann die Frau und die Frau den Mann »brauchte«, um als Mensch vollständig zu sein. Heute dagegen erobern sich die Frauen in der Gesellschaft so gut wie alle traditionellen Männerrollen, und Männer lernen in immer größerer Zahl, was früher ausschließlich Sache der Frauen war. Im Phänomen des Hausmanns wird nur besonders deutlich, was sich auf viel breiterer Front an Neubestimmung der Männerrolle heutzutage vollzieht. Damit fällt ein weiteres, früher äußerst haltbares Band für die eheliche Gemeinschaft weg. Denn in diesem Sinn »braucht« man einander nicht mehr.

Damit sind aber die ehestabilisierenden Faktoren, die früher eine Kunst der Partnerliebe unnötig machten, noch immer nicht erschöpft. Ein weiteres bindendes Element war die weltanschauliche Fundierung. In der katholischen Kirche ist die Ehe, weil Sakrament, unauflöslich. Nach protestantischer Lehre ist sie zwar »ein weltlich Ding«, steht aber ethisch genauso wenig zur Disposition wie ihre katholische Schwester. Früher bestimmten diese Lehren das Bewusstsein der Menschen selbst dann, wenn sie individuell Zweifel daran hatten, und vor allem bestimmten sie die gesellschaftlichen Gepflogenheiten. Auch als es juristisch die Möglichkeit der Scheidung schon gab, wurden Geschiedene gesellschaftlich manchmal regelrecht geächtet. Diese weltanschauliche Fundierung der Ehe schwindet heute immer mehr und mit ihr die gesellschaftlichen Sanktionen. Auch Christen, selbst viele Katholiken, akzeptieren die offizielle Lehre ihrer Kirche nicht mehr so ohne weiteres und verstehen die biblischen Imperative höchstens noch als Zielgebot oder als Ideal-Anspruch, an dem man sich orientiert, den man aber nicht als ein juristisch gefasstes Gesetz anwenden kann. Dementsprechend wird auch das Leben als Geschiedene(r), allein, in einer Teil- oder Stieffamilie, etwas immer Normaleres. Auch der Stabilitätsfaktor *weltanschauliche Ideologie* verliert also immer mehr an Bindekraft.

Schließlich waren es noch die gemeinsamen Kinder, die eine Ehe zusammenhielten, auch wenn die Liebesbeziehung schon längst erkaltet war. Der Kinder wegen meinten und meinen auch heute noch viele Paare, zusammenbleiben zu müssen, weil sie den Kindern nicht das Elternhaus rauben, vielmehr ihnen beide Eltern als Bezugspersonen erhalten wollen. Aber auch dieses Band wird schwächer. Denn das Bewusstsein wandelt sich: Man macht die Erfahrung, dass es neben der traditionellen Kleinfamilie auch andere Lebensformen gibt, die Kindern ein gedeihliches Aufwachsen ermöglichen, und immer mehr Partner lernen die Paarebene von der Elternebene zu unterscheiden, als Eltern weiterhin für die Kinder zu sorgen und konstruktiv zu kooperieren, auch wenn sie sich als Paar getrennt haben. Die Möglichkeit des gemeinsamen Sorgerechtes macht – abgesehen von der Frage, ob es praktikabel ist oder nicht – diesen Bewusstseinswandel deutlich. Man ist auf immer breiterer Front davon überzeugt, dass eine faire Trennung, die den Kontakt beider Eltern zu den Kindern sicherstellt, viel weniger negativ auf die Kinder wirkt als die vergiftete Atmosphäre einer destruktiven Ehebeziehung.

Alle diese Faktoren – Einbindung der Paarbeziehung in die Familie, wirtschaftliche Notwendigkeit, komplementäre Rollenaufteilung, weltanschauliche Fundierung und gemeinsame Elternschaft – fallen in wachsendem Ausmaß heute dahin. Was übrig bleibt, sind die beiden Partner und ihre persönliche Verbundenheit miteinander. Diese persönliche Verbundenheit, ihre »Liebe« zueinander, was auch immer darunter zu verstehen ist, wird immer mehr zum Einzigen, was den Bestand einer Dauerbeziehung sichert und auch rechtfertigt. Es kommt immer mehr darauf an, dass es den Partnern gelingt, diese liebende Verbundenheit zwischen sich zu erhalten und zu vertiefen, damit die Ehe nicht scheitert. Was früher eine glückhafte, keineswegs nötige Beigabe war, wird heute zum entscheidenden Kriterium für das Gelingen.

Freilich ist damit allein noch nicht klar, dass die Paarbeziehung eine Kunst ist, ein Können, das man, teilweise jedenfalls, erlernen kann und muss. Denn unter der liebenden Verbundenheit, auf die allein es ankommt, kann man sich ja alles mögliche vorstellen. Tatsächlich wird heute sehr vieles darunter verstanden, das es keineswegs nahelegt, von einer Kunst der Partnerliebe zu sprechen. Vielmehr erscheint die erotische Liebe im Verständnis der meisten Menschen als ein emotionales Naturereignis, das eintritt oder auch nicht, bleibt oder – leider viel häufiger – »plötzlich abhanden kommt, wie anderen Leuten ein Stock oder Hut«, wie es bei Kästner heißt.

Wir können hinter unsere heutige Zeit nicht mehr zurück. Vorausgesetzt, die gesellschaftlichen Verhältnisse ändern sich nicht radikal, wird die auf Dauer angelegte Liebesbeziehung zwischen den Geschlechtern niemals wieder durch die erwähnten äußeren Faktoren in ihrem Bestand gesichert sein. Die liebende Verbundenheit von Mann und Frau wird das einzig entscheidende Kriterium bleiben. Allerdings gilt es, sich damit auseinanderzusetzen, ob das, was heute vielfach darunter verstanden wird, dem, was zwischen Frau und Mann möglich ist, tatsächlich gemäß ist. Meine Überzeugung und Erfahrung ist es, dass sich im modernen Ideal der geschlechtlichen Liebe eine ganze Reihe von »Ideologien« verbergen, die – verinnerlicht – Einstellungen schaffen sowie Erwartungen und Bedürfnisse wecken, die eine lebendige und dennoch dauerhafte Paarbeziehung tatsächlich im Übermaß belasten. Das heutige Ideal der Geschlechterliebe – ich nenne es hier das »neo-romantische Beziehungsideal« – lässt Liebe einerseits und Ehe andererseits als einen unvereinbaren Widerspruch erscheinen. Das Anliegen dieses Buches ist es, diesen Widerspruch aufzulösen. Natürlich bleibt es damit heute immer noch schwieriger als früher, die Stabilität einer Ehe zu sichern, weil sie eben nach wie vor nur mit der liebenden Verbundenheit der Partner als dem einzigen Band zu sichern ist. Aber diese ist, so meine Überzeugung, im Wesen etwas völlig anderes, als uns das neoromantische Beziehungsideal nahelegt.

Darum geht es mir in diesem Buch: Ich will jene Überzeugungen oder Ideologien möglichst klar herausarbeiten, die mir im neo-romantischen Beziehungsideal unserer Zeit enthalten scheinen. Ich will sie analysieren und kritisch hinterfragen, und ich möchte sie schließlich modifizieren, anreichern oder auch alternative Überzeugungen dagegenstellen. Dabei will ich zeigen, dass das, was wir alle heute suchen und was uns so schwer gelingt, nämlich eine lebendige erotische Liebe *und* eine verlässliche Dauerhaftigkeit, keine Widersprüche sind, vielmehr dass beide aus dem Wesen der Geschlechterliebe heraus sogar notwendig zusammengehören.

Dabei entstehen freilich keine Patentrezepte, die nach dem Motto »Man nehme …« anzuwenden wären. Was ich erreichen will, ist die Wandlung von Sichtweisen, Einstellungen, Wünschen und Erwartungen. Diese bestimmen ja, so machen uns heute viele Wissenschaften nachdrücklich bewusst, unser ganz praktisches Verhalten erheblich. Außerdem bin ich als Paartherapeut zu sehr Praktiker, um mich allzu lange in philosophischen Höhen aufzuhalten. Darum kommt das ganz konkrete Verhalten in den folgenden Kapiteln immer wieder zu seinem Recht, auch wenn der Akzent des Buches eher auf dem Verstehen liegt als auf dem Handeln.

In sieben Kapiteln möchte ich sieben »Ideologien« besprechen, die, zusammengenommen, meiner Erkenntnis nach das neo-romantische Liebesideal ausmachen. Die Kapitel sind jeweils gleich aufgebaut. Zuerst charakterisiere ich jeweils eine Seite dieses Ideals, dann setze ich mich kritisch damit auseinander, und schließlich entwickle ich – manchmal auch verflochten mit dem kritischen Teil – ein alternatives Verständnis. Im Zusammenhang damit gebe ich dann jeweils, wo es angebracht erscheint, praktische Hinweise für die Paare.

Ich habe für dieses Buch zahlreiche Anregungen von vielen Kollegen verarbeitet. Rosemarie Welter-Enderlin und Bert Hellinger möchte ich dabei ausdrücklich und dankbar erwähnen. Entscheidend für meine eigenen Erkenntnisse waren jedoch meine eigenen Beziehungserfahrungen und die praktische therapeutische Arbeit mit vielen Paaren, einzeln oder in Gruppen, im Rahmen der eigenen Praxis oder in den Workshops, die ich zusammen mit meiner Frau Margarete Kohaus-Jellouschek seit Jahren im Odenwald-Institut durchführe. Darum möchte ich vor allem diesen Paaren hier herzlich danken und der Hoffnung Ausdruck geben, dass dieses Buch vielen Leserinnen und Lesern zu einer Hilfe auf ihrem weiteren Weg wird.

Kapitel 1

Verliebt in die Liebe
Liebe als Liebeserlebnis

Die Liebe zwischen Frau und Mann wird heute durchgängig gleichgesetzt mit dem emotionalen Liebeserlebnis. Wenn wir sagen: »Die beiden lieben sich«, dann meinen wir ganz selbstverständlich, dass es ihnen so geht, wie es das Märchen von Jorinde und Joringel schildert: »Sie hatten ihr größtes Vergnügen eins am andern«, wobei »Vergnügen« alles heißen kann, von der zarten Zuneigung bis hin zur sexuellen Ekstase. Auf jeden Fall ist immer ein erotisches Erlebnis gemeint, das die beiden im Hier und Jetzt erfüllt.

Es ist unschwer zu erkennen, dass diese Auffassung von Liebe aus dem Verliebtheitserlebnis stammt. Was man hier erfahren hat, wird festgehalten als Partnerliebe schlechthin. Es wird mit dem Anspruch auf ein »ewiges Hier und Jetzt« über die ganze Länge einer Dauerbeziehung hin ausgedehnt. Liebe als Verliebtheit auf Dauer: Das ist nach heutigem Verständnis die Liebe zwischen Frau und Mann.

Es hat sich eingebürgert, diese Auffassung von Liebe als »romantisch« zu bezeichnen. Einmal passt das zur gängigen Bedeutung des Wortes »romantisch«, und zum anderen bezeichnet es den Ursprung dieser Liebesauffassung: Im Zeitalter der deutschen Romantik wurde sie zum Ideal der Liebe zwischen Frau und Mann, auch in einer Dauerbeziehung, erhoben.[2] Ich spreche lieber vom »neo-romantischen Liebesideal«, denn so wie es uns heute begegnet, stammt dieses Ideal auch noch aus anderen Quellen: aus der Psychoanalyse, vor allem aus den Schulen, die auf den Freud-Schüler Wilhelm Reich zurückgehen, aus der humanistischen Psychologie, aus dem Neo-Marxismus und Existenzialismus der 68er Jahre und schließlich noch aus der Frauenbewegung der letzten Jahrzehnte.

Es handelt sich bei diesem neo-romantischen Ideal der Liebe um eine sehr berechtigte Gegenbewegung und einen verständlichen Protest gegen die bürgerlich-patriarchale Ehe, die als erstarrt und leblos, nur noch aus äußerer Form und glatter Fassade bestehend, erlebt wurde – hauptsächlich auf Kosten der jeweils beteiligten Frauen. Dieser Zerrform der Geschlechterbeziehung wurde das Ideal der gleichberechtigten Paarbeziehung als »leidenschaftliche, umfassend geistig-gefühlsmäßig-sexuelle Zuneigung zwischen Mann und Frau« gegenübergestellt.[3]

Aber lässt sich das »emotionale Liebeserlebnis« mit der Partnerliebe überhaupt identifizieren? Was geschieht, wenn dieser Anspruch zum Ideal der Paarbeziehung überhaupt erhoben wird? Das Liebeserleben ist etwas Momenthaftes, das zwar immer wieder erfahrbar werden kann, vor allem am Beginn einer Beziehung. Aber aller Erfahrung nach ist es kein Dauerzustand. Die Hochstimmung des Liebeserlebnisses vergeht, die Gefühle sind starken Schwankungen unterworfen, und die Intensität lässt im Laufe der Zeit aufs

Ganze gesehen nach. Wenn aber die Partnerliebe mit dem Liebeserlebnis gleichgesetzt wird, dann bedeutet dies, dass bei dessen Verlust zugleich die Liebe verloren geht. So wird es tatsächlich von vielen gesehen. Wenn sie radikal und konsequent sind, lassen sie sich dann scheiden, suchen die Liebe im Liebeserlebnis mit einem neuen Partner, machen wieder dieselbe Erfahrung, dass diese Liebe nicht »hält«, trennen sich nochmals und nochmals oder resignieren schließlich. Die Scheidungshäufigkeit hat sich in den letzten 25 Jahren in Deutschland verdreifacht. Ein wesentlicher Faktor für diese Situation ist zweifellos die Auffassung von Liebe als emotionalem Liebeserlebnis.

Aber auch für weniger radikale Menschen, die die Beziehung nicht gleich abbrechen, hat dieses Liebesideal Folgen. Sie halten zwar die Ehe aufrecht, suchen aber das Liebeserlebnis in Außenbeziehungen. Darüber gibt es keine Statistiken, aber die Zahl solcher Außenbeziehungen scheint Legion zu sein. Oft wechseln die Partner, oft werden sie geheim gehalten, und diese Sondersituationen bringen es mit sich, dass das Momenthafte und Emotionale, das dem romantischen Liebesideal entspricht, leichter immer neu erlebt werden kann. Es sieht dann so aus, als ob die wirkliche Liebe zwischen Frau und Mann eigentlich nur ein flüchtiger Moment sei und das Dunkel des Verborgenen oder gar Verbotenen brauche, um lebendig zu bleiben. Liebe und Dauerbeziehung aber werden dann zum Widerspruch.

Noch weniger radikale Menschen trennen sich weder, noch gehen sie fremd, sondern sie resignieren. Sie trauern im grauen, liebeleeren Alltag besseren Zeiten nach, phantasieren sich sehnsüchtig einen Märchenprinzen, der Dornröschen einmal wach küssen, oder eine Märchenprinzessin, die den Frosch zum Prinzen machen wird. In der Realität aber leben sie nebeneinanderher und suchen Trost im Essen, Trinken und anderen Ablenkungen, oder sie setzen ihren Frust in psychosomatische Leiden um und pflegen dann manchmal gegenseitig ihre Wehwehchen statt ihre Liebe.

Die Auffassung von Liebe als romantisches Liebeserleben hat eine weitere fatale Konsequenz: Wenn das Liebeserlebnis verblasst, kann man nichts dagegen machen. Es ist aus und vorbei. Denn was soll ich tun, wenn der andere mich nicht mehr fasziniert? Liebreiz und Attraktivität lassen nach. Wir können es uns gar nicht verübeln, dass wir uns nicht mehr so anziehend finden. Im Laufe der Jahre sind unsere Körper schlaffer geworden, und wir sehen bei uns selbst und beim andern hinter die Fassade der Persönlichkeit, wo sich manches gar nicht so glänzend ausnimmt, wie wir es gerne wahrhaben möchten. Wie soll da jenes Liebeserlebnis wiederhergestellt werden können?

Liebe – im romantischen Sinn verstanden – ist tatsächlich nicht disponierbar. Sie überfällt uns wie ein Schicksal. Amor schießt seine Pfeile ab, auf wen und wo immer er will. Man kann sich davor nicht schützen, und man kann ihn nicht dazu zwingen. Die Verliebtheit vergeht dann auch oft genauso schicksalhaft, wie sie gekommen ist, manchmal schon im nächsten Augenblick, manchmal nach und nach, aber in einem genauso unaufhaltsamen Prozess. Wir spüren es und können es nicht verhindern. Die romantische Liebe entzieht sich radikal der Beeinflussbarkeit. Das ist der Grund, warum viele Menschen, meiner Erfahrung nach vor allem Männer, nicht in eine Paartherapie gehen wollen. »Was soll denn das bringen?«, fragen sie. Und sie haben von ihrem Standpunkt aus durchaus recht. Denn wenn das Liebeserlebnis verschwunden ist, wer soll es dann wiederherstellen können? Was soll dann eine Paartherapie bringen, außer vielleicht – und das fürchten sie –, dass die Wahrheit ans Licht kommt und man sich dann trennen muss? Lieber lassen sie alles, wie es ist, denn so wichtig ist ihnen die Emotion der Liebe doch auch wieder nicht, dass sie dafür alles andere, Haus, Familie, Kinder und bürgerliche Normalität, aufs Spiel zu setzen bereit wären.

Aber kann denn Partnerliebe überhaupt etwas anderes sein als das romantische Liebeserleben? Was gibt es denn anderes, das Partner miteinander verbinden und den Namen Liebe verdienen könnte? Wenn wir danach fragen, wie es tatsächlich war und ist, was Partner tatsächlich miteinander verbunden hat und verbindet, dann stoßen wir freilich auf viele Arten von »Liebe«. Die Frage ist allerdings, ob diese Arten von »Liebe« unseren heutigen Ansprüchen genügen.

Da gibt es viele Paare, die lieben sich wie Eltern ihre Kinder und Kinder ihre Eltern. Der Mann liebt seine Frau wie ein Junge seine Mutter: Er braucht mit ihr keinen besonderen Austausch. Wenn sie nur »um ihn herum ist« und er seinen Hobbys und Unternehmungen nachgeben kann, dann ist es ihm schon genug. Oder die Frau liebt den Mann wie eine Mutter ihren Jungen: Sie erzieht an ihm herum, bringt ihn mit verschiedenen Tricks geschickt zu dem, was sie von ihm will, ohne dass er es merkt. Auch der Mann, der eine Frau heiratet, weil er meint, sie dadurch von ihrer Depression zu erlösen, liebt sie wie ein Vater sein krankes Kind. Oder eine Frau, die einen Witwer mit Kindern heiratet, weil er »so arm und allein« ist, die liebt ihn wie eine Mutter, die sich ihres Kindes erbarmt. Natürlich lehnt jedes moderne Paar eine solche Eltern-Kind-Liebe zwischen Partnern ab. Aber täuschen wir uns nicht. Hinter allerlei progressivem Sprachgebrauch und gleichberechtigter Programmatik verbergen sich auch heute noch solche Beziehungsmuster zuhauf.

Paare können sich außerdem lieben nach dem Muster »Herr und Knecht«. Zum Beispiel versteht sich eine Frau als Dienerin ihres Mannes, indem sie sich ganz für ihn, sein Wohlbefinden und seine Karriere aufopfert. Sie hält ihm den Rücken frei, und ihre höchste Erfüllung ist es, wenn er alles erreicht, was er sich erträumt hat. In Kreisen hoher Politiker und Manager treffen wir diese Beziehungsform auch heute noch sehr oft als »Partnerliebe« an. In der Alternativszene begegnen wir oft der Umkehrung dieses verrufenen Modells: der Mann als »Diener der Frau«. Von der Frauenbewegung verunsichert, fragen manche modernen Männer nur noch nach »ihren« Bedürfnissen und vergessen dabei ganz sich selbst. Sie versuchen immer nur, zu verstehen, was die Frau meint, wollen es nur immer »recht machen« und stellen sich immer nur selbst die Frage, wenn etwas schiefgeht.

Schließlich können sich Paare auch noch lieben im gemeinsamen Dienst an einem Dritten, zum Beispiel an den Kindern, am gemeinsamen Hausstand, am Familienbetrieb. Die Partner leben ihre Zuneigung als gut funktionierendes Arbeitsteam. Dies war zweifellos vor allem früher eine weit verbreitete Form der Partnerliebe. Damals bestand allerdings der Vorteil, dass die rein pragmatische Ebene eine Überhöhung in dem Bewusstsein fand, durch den gemeinsamen Dienst am Werk der Schöpfung beteiligt und somit Gott wohlgefällig zu sein. Die romantische Liebe war nur dazu da, die beiden gleichsam in den gemeinsamen Dienst »hineinzulocken«. Für wichtig oder gar unabdingbar wurde sie nicht erachtet. Heute finden wir – freilich ohne weltanschauliche Überhöhung – die Partnerliebe als pragmatische Zweckgemeinschaft sehr oft bei jungen, berufstätigen Paaren, aber auch bei Unternehmer-Ehepaaren, bei Handwerker- und anderen Familienbetrieben. Diese Paare haben – wenn auch ganz und gar gegen ihren Anspruch auf romantische Liebe – für nichts anderes mehr Zeit als für Arbeit,

Haushalts- und Erziehungsorganisation. Dazu noch fehlt ihnen jegliche »Überhöhung« durch eine sinnstiftende weltanschauliche Interpretation ihres Tuns. »Wozu eigentlich machen wir das alles?«, fragen sie darum resignierend, wenn die Energie sich allmählich zu verbrauchen beginnt.

Es gab und gibt also vielerlei »unromantische« Arten, wie Paare einander lieben, und vieles andere als romantische Liebe ist dafür verantwortlich, wenn Partnerbeziehungen zusammenhalten. Wenn Frau oder Mann sich wie Tochter oder Sohn fühlen, können sie sich nicht trennen, denn Kinder brauchen die Eltern zum Überleben. Auch Herr(in) und Diener(in) sind auf Gedeih und Verderb aufeinander angewiesen. Und das »gemeinsame Werk« war immer schon ein starkes, manchmal unzerreißbares Band zwischen Partnern. Wir sind aber heute damit nicht mehr zufrieden. Mit und ohne psychologisches Vokabular kritisieren wir solche »nicht-romantischen« Verbindungen. Das »Herr-Knecht«-Verhältnis ist zwar immer noch häufig, aber schon gar nicht diskutabel, weil die Beziehung hier ein Macht-Ohnmacht-Verhältnis ist, das dem gleichen Recht und der gleichen Würde von Frau und Mann widerspricht. Ebenso halten wir ein Mutter/Vater-Kind-Verhältnis zwischen Partnern nicht für gemäß. Denn auch hier gibt es ein Gefälle, sowohl eines der Macht als auch eines von Geben und Nehmen, weil der eine, in der elterlichen Position, mehr gibt und der andere, in der kindlichen Position, mehr nimmt und somit ein Ungleichgewicht entsteht, das sehr bald als ausbeuterisch erlebt wird. Auch den gemeinsamen Dienst an der Sache, an Familie oder Betrieb, halten wir nicht mehr für ausreichend. Hier wird die Liebe institutionalisiert und in einer äußeren Lebensform festgezurrt. Wie es den Beteiligten dabei geht, bleibt unberücksichtigt. Es geht nicht um persönliche Erfüllung, sondern um gutes

Funktionieren. Gerade gegen diese Auffassung von Paarbe-ziehung liefen die Studenten der 68er-Generation Sturm. Sie hatten das in der Aufbauphase nach dem Zweiten Welt-krieg am eigenen Leib erlebt und erlitten, darum setzten sie dieser Lebensform das Ideal der freien Liebe entgegen.

Auch wenn sie damit gescheitert sind, auch wenn wir mit der freien Liebe nicht einverstanden sind, ist uns von daher trotzdem die Überzeugung geblieben, dass Liebe zwischen Frau und Mann in ihrem eigentlichen Kern eine personale, subjektiv erlebbare Erfahrung sein muss. Also doch die ro-mantische Liebe? Ist denn das, was ein Paar am Anfang er-lebt, nicht doch das Eigentliche?

Was die Liebe zwischen Frau und Mann sein kann, wird tatsächlich nirgendwo so deutlich wie im emotional-eroti-schen Erlebnis der Verliebtheit. Denn was hier im Mittel-punkt steht, ist doch die leidenschaftlich-körperlich-seelisch-geistige Vereinigung einer Frau mit einem Mann. Dabei ergeht es den beiden wie im Mythos geschildert: als hätte jede/jeder seine bessere Hälfte, von der er getrennt war, wiedergefunden, jene Hälfte, nach der er immer schon gesucht hat. Im Wiederzusammenfügen der Hälften be-kommt es nun Sinn, dass ich so bin, wie ich bin, ich erfahre mich plötzlich als wertvoll und wichtig wie nie zuvor. Und in der Begegnung mit dem anderen entsteht Ganzheit, die als schön und faszinierend erlebt wird, so schön und faszi-nierend, wie bisher beide noch nichts erlebt haben. Diese Vereinigung drängt außerdem auf ein Drittes hin. Der Ge-danke an ein Kind ist sehr oft gerade am Anfang einer ver-liebten Beziehung plötzlich da. Die liebende Vereinigung will fruchtbar werden. Auch wenn sich dies nicht sofort im Wunsch nach einem Kind äußert, erleben beide in ihrer Be-gegnung eine Fruchtbarkeit an Ideen, Einfällen, Aktivitäten, eine Kreativität, wie sie beiden bislang unbekannt war. Im

Erleben der Verliebtheit ist also alles da, was für die Liebe zwischen Mann und Frau spezifisch und in dieser Weise in keiner anderen Beziehungsform zu finden ist. In der Verliebtheit vollzieht sich nichts Geringeres als die Erfahrung der schöpferischen und fruchtbaren Vereinigung der beiden Grundprinzipien unserer Wirklichkeit, des männlichen und des weiblichen Prinzips. Dies ist der Grund, warum viele Menschen in der erotischen Vereinigung eine religiöse Dimension erfahren, die sie zutiefst beeindruckt, ja erschüttert.

Das erotische Liebeserlebnis zwischen Frau und Mann enthält zweifellos das Spezifische dieser Beziehungsform. Aber, so sagt unsere Erfahrung, dieses Erlebnis ist nicht von Dauer, es vergeht wieder. Heißt dies also, es ist ein Versprechen, das nie erfüllt wird? Heißt dies, wir sitzen einer Illusion auf, wenn wir uns darauf einlassen? Scheint hier etwas auf, was nie zu verwirklichen ist?

Um diese Fragen zu beantworten, müssen wir nach dem Sinn und der Funktion des erotisch-emotionalen Liebeserlebnisses fragen. Was das Liebeserlebnis eigentlich ist, scheint mir am deutlichsten zu werden durch den Vergleich mit dem Prozess der Schaffung eines Kunstwerks. Darum möchte ich dieser Analogie folgen. Am Anfang des Kunstwerks steht die Intuition. Die Intuition enthält die Vision des Kunstwerks, seine mehr oder weniger deutliche, mehr oder weniger faszinierende Voraus-Ahnung. Die Intuition ist aber in keinem Fall schon das Kunstwerk selbst. Der Künstler weiß, dass nur etwas daraus wird, wenn er jetzt, da ihm die Intuition zuteil wurde, in den Prozess der Realisierung eintritt. Für diesen Prozess braucht er: Material, Werkzeug, Können, und vor allem: Handeln, Tun, Arbeit.

Diese Arbeit ist ein langwieriger Prozess, bei dem manches gelingt, manches aber auch schiefgeht. Es ist ein Prozess von Versuch und Irrtum, in dem der Künstler selber

vieles dazulernt, Erfahrungen sammelt, scheitert, sich korri-
giert, neue Anläufe macht, so lange, bis er schließlich –
mehr oder weniger vollkommen – seine intuitive Ursprungsidee in die Wirklichkeit übersetzt hat. Wahrscheinlich entspricht die Realisierung auch dann noch nicht ganz seiner
Vision. Die Vision weist vielleicht immer noch über das
Kunstwerk hinaus, aber ein Stück davon ist jedenfalls Wirklichkeit geworden, als Fragment, das die Ganzheit erahnen
lässt. Aber auch wenn es so ist, der Künstler weiß: Nur so
kann seine Kunst real sein, nur so überwindet er das unver-
bindliche Spiel der bloßen Möglichkeiten.

So ähnlich ist es auch beim Liebeserlebnis der Verliebtheit. Auch in ihm wird gleichsam im Vorgriff und ohne unser aktives Zutun die Vollgestalt der liebenden Begegnung
erfahren – in ihrem ganzen Reichtum und in ihrer Faszination. Die Verliebtheit ist eine Vision von dem, was zwischen Frau und Mann sein könnte. Aber es wäre ein Irrtum
zu meinen, damit wäre es schon getan. Der Prozess der
Realisierung muss jetzt erst beginnen. Es wäre außerdem
ein Irrtum zu meinen, die Vision wäre von der Realisierung ohne weiteres einzuholen. Sie bleibt, wie die künst-
lerische Vision, eine Art Leitidee, etwas, das uns immer
vorangeht.

Das erotische Erlebnis der Verliebtheit enthält also alles,
was die Beziehung zwischen Frau und Mann sein kann,
aber es enthält es als Intuition, Vision und Utopie. Es muss
als solches vergehen. Nur in einem langen Prozess der
Realisierung kann es festgehalten werden. Dieser Prozess
braucht unsere ganze Aufmerksamkeit, unser aktives Tun,
auch unsere harte Arbeit, einschließlich Scheitern und Miss-
erfolg. Die Liebe als Erlebnis wird uns ohne unser Zutun
geschenkt, sie wird uns aber geschenkt nicht als Realität,
sondern als Vision. Diese Vision ist deshalb so faszinierend,

damit wir uns dahin auf den Weg machen. Würde dies von heutigen Paaren nur ein wenig mehr beachtet, hätten wir ein gutes Stück unserer Beziehungsmisere überwunden.

Was heißt das aber nun konkret? Was heißt bei der Partnerliebe »Realisierung«? Es gibt dabei zwei Gefahren, in die wir geraten können. Die eine ist, dass die Arbeit am Kunstwerk der Beziehung nicht ernsthaft und entschieden genug erfolgt. Dann wird nichts daraus, die Vision verblasst zu nostalgischer Sehnsucht. Die andere Gefahr ist, dass wir uns zwar sehr bemühen, uns abstrampeln und kämpfen, dabei aber die Ursprungsvision verlieren. Dann verirren wir uns irgendwo im Gestrüpp von Anstrengungen und guten Vorsätzen, die aber nichts bewirken, am wenigsten, dass wir einander lieben.

Es braucht beides: Es braucht die tägliche Anstrengung, und es braucht die Leuchtkraft der Vision. Es braucht den Weg durch die Wüste, und es braucht die Verheißung des gelobten Landes.

Was heißt dies beides konkret? Was ich im Folgenden hintereinander darstelle, ist nicht in einem zeitlichen Hintereinander zu verstehen. In der Praxis ist parallel auf beides zu achten. Das eine ist der Aspekt des »Machens«, das Zweite der Aspekt des »Geschehen-Lassens«.

Zum Ersten, zum Aspekt des »Machens«:
Dazu gehört alles, was wir gewöhnlich als »Beziehungsarbeit« bezeichnen, alles, was auf Tausenden von Seiten in Ehebüchern geschrieben und in Abertausenden von Kursen und Seminaren gelehrt und trainiert wurde und wird. Sicherlich sind viele solcher Angebote von einer allzu oberflächlich-optimistischen (und geschäftstüchtigen) Machbarkeitsideologie beseelt. Es steckt aber ein Gedanke dahinter, der für unser Zusammenleben fundamental ist und noch immer viel zu wenig beachtet wird: Unser Verhalten beeinflusst un-

ser Gefühl und kann dieses auf die Dauer sogar ins Gegenteil verkehren. Die tiefste Liebe kann an schlechten Gewohnheiten zugrunde gehen. Ständige Unzuverlässigkeit des einen tötet die Liebe des anderen. Dauernde Ungeschicklichkeit ohne ernsthafte Versuche der Änderung, zum Beispiel in finanziellen Dingen, kann Zuneigung erkalten lassen. Wenn sich der eine nicht wäscht, kann ihn der andere bald »nicht mehr riechen«. Und wenn einer grundlegende Regeln der täglichen Höflichkeit außer Acht lässt, fühlt sich der andere irgendwann als Person missachtet. Das heißt: Durch bestimmte Verhaltensgewohnheiten wird unsere Liebe entweder erhalten und genährt oder aber untergraben und zerstört.

Darum kann es sehr wohl von großem Nutzen sein, sich mit Hilfe von Büchern, Kursen, Eheberatung oder Paartherapie bestimmte Verhaltensweisen abzugewöhnen und sich andere, förderliche Verhaltensgewohnheiten anzueignen. Auch in der Partnerliebe gelten die Gesetze der Lernpsychologie. Das heißt: Es ist zu empfehlen, nicht gerade beim Schwersten anzufangen und sich nicht gleich zu viel auf einmal vorzunehmen. Lieber beim Leichtesten anfangen und die Aufmerksamkeit auf *eine* Sache richten. Die segensreichen Wirkungen sind oft erstaunlich. Schon die Tatsache, dass einer sich abgewöhnt, vom Tisch einfach aufzustehen und alles liegen und stehen zu lassen, und sich angewöhnt, regelmäßig den Tisch mit abzuräumen, kann zu großen Stimmungsumschwüngen im Zusammenleben führen. Es zeugt von einem riesenhaften Dünkel, der ebenfalls im neo-romantischen Liebesideal enthalten ist, wenn solche Kleinigkeiten als Banalitäten abgetan werden. Was die Liebe stört und was die Liebe fördert, *sind* oft winzige Kleinigkeiten. Darauf zu achten ist ein gutes Stück »Handwerk«, das auch der begabteste »Liebes-Künstler« erlernen und ständig verfeinern muss, um seine Ursprungsidee von der großen Liebe ins »Material« zu bringen.

Zu diesem Handwerk und »Material« der Liebe gehört übrigens auch alles, was ich als »andere Formen der Liebe« bezeichnet habe: der Dienst an einer gemeinsamen Sache, der Dienst aneinander und füreinander und väterlich-mütterliche Fürsorge füreinander (beides allerdings wechselseitig!). Denn wir sind als Paar auch ein Arbeitsteam, sind auch zum Dienst aneinander da und sind uns auch wechselseitig ein wenig Vater und Mutter. Wenn wir dabei unsere grundsätzliche Ebenbürtigkeit respektieren, werden diese anderen Beziehungsformen ebenfalls der Partnerliebe dienen. Der gemeinsame Dienst und die Fürsorge füreinander bringen die Partnerliebe zwar nicht hervor, aber wenn sie fehlen, dann leidet die Partnerliebe Schaden und kann zugrunde gehen.

Allerdings nützt all unser willentliches Bemühen, all unsere Arbeit an besseren Beziehungsgewohnheiten nichts, wenn wir nicht zugleich auch dafür sorgen, dass die Intuition beziehungsweise Vision des Anfangs immer wieder zum Leuchten kommt.[4] Gutes handwerkliches Können allein ist für ein Kunstwerk eben auch zu wenig. Was dabei herauskommt, ist vielleicht gekonnt, hat aber keine Seele. Paare, deren Beziehung nur noch im gemeinsamen Bemühen besteht, meinen es sicher sehr gut, plagen sich aber umsonst. Was zwischen den Partnern geschieht, muss noch eine lebendige Verbindung zur intuitiven Anfangsvision haben, sonst bewirkt es nichts.

Was können Paare tun, um diese Verbindung wieder aufzunehmen oder immer wieder herzustellen? Zunächst: Es ist wichtig, dass Paare sich *ihre* spezifische Vision bewusstmachen, die sie am Anfang *ihrer* Beziehung hatten. Das Verliebtheitserlebnis eines jeden Paares hat seinen eigenen

Gehalt. Sicherlich ist ihm viel Illusionäres, ja Neurotisches beigemischt, aber es enthält auch die »besten Möglichkeiten«, die in dieser Liebe angelegt sind. Wenn wir nur auf die illusionären und neurotischen Elemente schauen, wie das manche Therapeuten gerne tun, dann bringen wir die Beziehung um ihre besten Chancen. Viel besser ist es zu fragen: Was war die zündende Idee, als sich diese Frau und dieser Mann begegneten? »Mit ihm werde ich …«, »mit ihr sehe ich mich …« Es können symbolische Bilder sein, Bilder von großer Stille und Innigkeit: »Wenn ich an den Anfang denke, sehe ich uns auf einem Bootssteg sitzen, aneinandergeschmiegt, und wir schauen auf die glatte Wasserfläche, in der sich die untergehende Sonne spiegelt, und es umgibt uns eine tiefe Stille …« Oder es sind Bilder von turbulenter Lebendigkeit: »Mit dir war es wie auf einem großen Maskenball, wir stürzten uns in den Trubel, begegneten immer wieder neuen Gestalten und Verkleidungen und entdeckten doch immer wieder unter den tausend verschiedenen Masken mit untrüglicher Sicherheit uns selbst …« Oder weniger symbolische Visionen: »Mit ihr, habe ich mir gedacht, kann ich über Gott und die Welt, über alle wichtigen Fragen reden.« »Mit ihm zusammen, das war meine Hoffnung, werde ich das Leben leichter nehmen können.«

Gerade in den letzten Beispielen wird natürlich auch eine Gefahr sichtbar: den anderen in die Rolle des »Retters« zu schieben, der meine »Löcher« stopft. Dies ist natürlich eine Illusion. Aber es ist darin doch auch die Idee enthalten, zusammen mit dem anderen dem Leben eine neue Richtung geben zu können. Insofern kann sie ein fruchtbarer Zukunftsentwurf sein. So ist es von großem Nutzen, wenn wir uns daran erinnern, was unsere Ursprungsvision war, als wir uns ineinander verliebten.

Genauso wichtig ist es allerdings, dass dies nicht eine

einmalige Erinnerung bleibt. Wir müssen dafür sorgen, dass diese Anfangsvision in unserer Gegenwart immer wieder auftaucht und dass die Liebe auch in unserem Alltag immer wieder zum Erleben werden kann. Wir können sie nicht wieder herbeizwingen, aber wir können Platz in unserem Leben schaffen, dass sie sich hin und wieder einstellen kann. Paarbeziehungen drohen heute in Pflichterfüllung aufzugehen und zu bloßen Arbeitsbeziehungen abzumagern. Früher gab es im Tages-, Wochen-, Monats- und Jahreszyklus rituell vorgegebene Zeiten, in denen nicht gearbeitet werden durfte, Zeiten, die für Muße, Stille und Feiern vorgesehen waren. Solche Zeiten verschwinden als kollektiv vorgegebene heute immer mehr. Jeder kann und muss seinen eigenen Rhythmus finden, und die Gefahr ist groß, dass dabei alles von Arbeit aufgefressen wird. Gerade aber um die Liebe in einer Paarbeziehung lebendig zu halten, braucht es solche freien Zeiten: Zeiten der Erinnerung, Zeiten des Vorausphantasierens, Zeiten der Stille, in denen man einfach beisammensitzt, Zeiten der Zärtlichkeit und der körperlichen Begegnung.

Es gibt Paare, die sich solche Zeiten regelrecht verordnen, indem sie im Terminkalender Platz dafür aussparen und diesem oberste Priorität einräumen: »Der Sonntagvormittag gehört uns ganz allein als Paar. Da nehmen wir kein Telefon ab, da wissen die Kinder, dass sie uns allein lassen müssen, da empfangen wir keinen Besuch, das ist *unsere* Zeit in der Woche.« Es muss Zeiten geben, die aus dem täglichen Arbeitsablauf ausgeklammert sind, Inseln[5] im Strom des Alltags, Blumenbeete im Garten der Nutzpflanzen, Oasen in der Wüste. Die Liebe als Erleben ist nicht manipulierbar, haben wir gesagt. Aber man kann Bedingungen zulassen, die bewirken, dass das Liebeserlebnis des Anfangs einfach untergeht, oder man kann Bedingungen schaffen, die bewirken, dass es wieder erwacht, uns wieder einholt, stiller vielleicht, weniger stürmisch, aber deswegen keineswegs weniger tief.

Die Aufmerksamkeit in alltäglichen Kleinigkeiten, die tägliche »Beziehungsarbeit«, das ist das eine, die Inseln der »zwecklosen Zweisamkeit« sind die andere wesentliche Bedingung, dass die Anfangsintuition, die Vision unserer Liebe, wieder wach wird, sich weiterspinnt, verändert und vertieft.

Die Liebe des Anfangs bleibt nicht von selbst so stark, dass sie uns immer wieder auf solche Inseln zwingen würde. Am Anfang einer Beziehung ist es ja oft das Bedürfnis nach Sexualität, welches die beiden auf solche Inseln lockt. Aber dieses Bedürfnis lässt gewöhnlich, jedenfalls bei einem der Partner, nach, und so muss es gerade umgekehrt laufen: Man muss bewusst solche Inseln aufsuchen, damit Sexualität wieder lustvoll erlebbar wird. Aber es gibt auf dieser Insel auch noch viele andere Plätze: Man kann hier einfach zärtlich sein, sich halten und streicheln oder auch sich gegenseitig vorlesen, miteinander ganz persönlich von Du zu Du reden, miteinander Musik hören oder einfach stille sein. Es ist sogar sehr wichtig, dass in solchen Zeiten Sexualität nicht unbedingt stattfinden *muss*. Sie kann sich einstellen oder auch nicht – und sie wird sich einstellen, wenn das Paar diese Zeit nimmt, um nichts anderes zu tun, als miteinander einfach »da« zu sein.

Wenn es nicht mehr gelingt, solche Zeiten der Zweisamkeit aufrechtzuerhalten oder wieder einzuführen, dann steht es schlecht um die Beziehung, denn dann nützt meist auch die ganze übrige »Beziehungsarbeit« nichts mehr. Umgekehrt aber gilt: Paare, die solche Zeiten kennen und gewohnheitsmäßig Räume dafür geschaffen haben, merken, dass sie sich damit an eine Quelle angeschlossen haben, die ihr ganzes Leben speist. Sie können dann mit großer Gelassenheit auch stressige Zeiten überstehen, in denen sie wenig voneinander haben. Sie haben nämlich dann die Sicherheit, dass die Liebe als Erlebnis sich wieder einstellen wird, wenn sie ihre Insel wieder aufsuchen. Hier nehmen sie den Grundton wieder auf, der alle ihre anderen Aktivitäten in Familie und Beruf durchdringt und zu einem Ausdruck gegenseitiger Liebe macht.

In diesem Prozess wandelt sich die Anfangsintuition der Liebe natürlich. Die Vision wird konkreter, sie entwickelt sich fort, zeigt sich in neuen Variationen. Manches erscheint vielleicht in weniger spektakulärem Licht, von anderem entdecken wir erst den eigentlichen Sinn und die eigentliche Aussage. Das heißt aber nicht, dass sie verlorengehen oder abflachen muss. Es kann sogar sein, dass wir auf diesem Weg überhaupt erst entdecken, was die eigentliche »Idee« unserer Beziehung war.

So muss die Liebe im Laufe der Jahre nicht verschwinden. Die Ursprungsvision des anfänglichen Liebeserlebens wird über die Länge der Zeit hin trotz Durststrecken und unvermeidlicher Krisen mehr und mehr in die Realität übergeführt. Das Kunstwerk wird – allmählich und wenigstens in seinen Grundzügen – sichtbar.

Während ich dies schreibe, drängt sich mir neben dem Kunst-Vergleich noch eine andere Analogie auf: Die Partnerliebe hat auch große Ähnlichkeit mit einem spirituellen Weg. Jeder spirituelle Weg wird als Übungsweg aufgefasst. Dabei gibt es am Anfang immer – mehr oder weniger stark – ein Berufungserlebnis, also ebenfalls eine »Anfangsvision«, die den Menschen auf den Weg bringt. Das Berufungserlebnis der Liebenden ist ihre Verliebtheit, und genau wie ein Berufungserlebnis wird sie als Gnade und Geschenk erlebt. Und genauso wenig kann es dabei bleiben.

Alle spirituellen Lehrer weisen ihre Schüler dann auf einen Übungsweg, der nun zu beginnen hat. Dieser beinhaltet immer zweierlei: die Übung des Alltags und die geistliche Übung. Beides gilt als gleich wichtig. Der »Alltag als Übung«[6] ist die Sorgfalt in den täglichen Dingen. Ihr entspricht, was wir über die tägliche Beziehungsarbeit und die Aufmerksamkeit auf den täglichen Umgang miteinander gesagt haben. Die »geistliche Übung« geschieht in einem vom Alltag ausgesonderten Raum, in den Zeiten der Meditation vor allem, während derer der Übende nichts anderes tut, als sich dem spirituellen Erleben zu öffnen, der Erfahrung dessen, was ihm in seinem Berufungserlebnis einst aufleuchtete. Dem entsprechen die »Inseln«, von denen ich gesprochen habe, auf die sich die Partner zurückziehen, um ihrer Liebe auch als geistig-seelisch-körperliches Erlebnis immer wieder Raum zu geben.

Kapitel 2

Ohne dich kann ich nicht leben
Liebe als Verschmelzung

Außer der Gleichsetzung von Liebe und Liebeserlebnis enthält das moderne, neo-romantische Beziehungsideal auch noch die Auffassung von Liebe als Verschmelzung,[7] und zwar als Dauerzustand. Mit Liebe ist ja immer die Vorstellung von »Einswerden« verbunden: »Die beiden werden ein Fleisch sein«, heißt es schon im Schöpfungsmythos der Bibel. Daraus wird im neo-romantischen Beziehungsideal der Anspruch auf Dauer-Verbundenheit, so ähnlich, wie es der Frosch im Märchen zum Ausdruck bringt. Liebhaben heißt für ihn: »An deinem Tischlein neben dir sitzen, von deinem goldenen Tellerlein essen, aus deinem Becherlein trinken, in deinem Bettlein schlafen.« In dieser Vorstellung leben die beiden nicht mehr wie zwei getrennte Wesen, sondern nur noch wie ein einziges.

Gegenüber dieser Einheits-Sehnsucht erscheint »für sich selber sein«, »getrennt sein«, »sich distanzieren« als das gerade Gegenteil zur Liebe und damit als deren Gefährdung. Immer wieder mache ich die Erfahrung, wie Menschen, deren Partner sich ein wenig selbständig zu machen beginnen, dies als schwere Bedrohung erleben. Das eigene Zimmer, das sich die Frau in der Wohnung einrichtet, vor allem wenn sie darin auch noch ein eigenes Bett aufstellt, erscheint dem Mann schon als die Aufkündigung der Ehegemeinschaft und beunruhigt ihn dermaßen, dass er um eine Paartherapie nachsucht, obwohl er sich bislang hartnäckig gegen das Drängen seiner Frau gewehrt hatte, diesen Schritt zu tun. Ähnliche Ängste löst es aus, wenn ein Partner dem anderen das Ansinnen zumutet, mal alleine in Urlaub zu gehen, und die Umgebung unterstützt dies kräftig, indem sie hinter dem Rücken der beiden munkelt: »Die gehen getrennt in Urlaub – stimmt da etwas nicht mehr?«

Liebe als Dauerverschmelzung, das ist ein sehr verbreitetes und tiefsitzendes Beziehungsideal, es wird uns in tausend Schlagern täglich untergejubelt, die Texte der Liebeslyrik seit der Romantik sind voll davon, und die Filme vor allem der 50er bis 70er Jahre, die heute im Fernsehen wieder Hochkonjunktur haben, machen diese Idealvorstellung immer wieder von neuem populär.

Über dieser Liebe steht das Motto: »Ohne dich kann ich nicht leben.« Das will sagen: Wenn ich mit dir nicht mehr vereinigt bin, dann fehlt mir ein wesentlicher Teil meines Selbst. Dieser Satz erscheint vielen Menschen als höchster Ausdruck der Liebe, in Wirklichkeit versetzt er, wenn er ernst gemeint ist, der Liebe den Todesstoß.

Wie kommt es dazu, dass Partner nach diesem Motto zusammenleben? Da, wo die Geschlechterliebe zum ersten Mal erlebt wird, in der Phase der Verliebtheit, erscheint die liebende Verschmelzung als die höchste Erfüllung. In diesem Erleben gehen die beiden ineinander auf. Im Glanz der Liebe verschwimmen die Grenzen zwischen Ich und Du.

Dass mich da einer so innig mag, einer, den ich höchst attraktiv finde, das erlebe ich als eine ungeheure Aufwertung meiner Person und als Ausweitung meiner – vielleicht recht eng gesteckten – persönlichen Grenzen. Die Probleme, die ich mit mir selber hatte, scheinen durch das Einswerden mit dem – idealisierten – anderen mit einem Schlag beseitigt. Seine/ihre Buntheit und Farbigkeit werden zu meiner eigenen, sein/ihr Wert wertet mich selber auf. So wird es erlebt, und darum drängt sich Verliebten der Satz auf die Lippen: Ohne dich kann ich nicht leben. Das ist in diesem Moment sicherlich ein gültiger Ausdruck des Erlebens beider. Darum ist in *diesem* Zusammenhang auch gar nichts dagegen einzuwenden.

Problematisch wird dieser Satz allerdings, wenn er als Anspruch über das Stadium der Verliebtheit hinaus für die Partner Gültigkeit behält, also die Idee von Liebe als Verschmelzung auf das gesamte Leben zu zweit ausgedehnt wird. Dann beginnt sich ein äußerst destruktives, ein symbiotisches Beziehungsmuster einzuspielen, das schon vielen Paaren zum Verhängnis geworden ist.

Aus dem Verschmelzungserlebnis wird die Idee, nur als Paar vollständig zu sein. Daraus spielen sich dann ganz bestimmte Gewohnheiten ein: Man beginnt, mit dem anderen die ganze freie Zeit zu verbringen. Keiner von beiden entwickelt ein eigenes Hobby, oder wenn er eins hatte, gibt er es auf. Keiner von beiden pflegt individuelle Freundschaften und unterschiedliche Interessen. Man vermeidet Streit, und wenn es trotzdem mal zum Konflikt kommt, darf darüber die Sonne nicht untergehen, schnell muss man sich wieder versöhnen. Bei Problemen zerbricht einer sich den Kopf des anderen, statt ihm eine Chance zu geben, selber eine Lösung zu finden. Jeder kennt die Gefühle und Gedanken des anderen und reagiert schon darauf, bevor dieser sie noch geäußert hat. Es gibt keine lauten Töne, oberstes Gebot ist Harmonie, die beiden sind »ein Herz und eine Seele« – das heißt mit anderen Worten, sie leben nicht mehr wie zwei getrennte Personen, sondern wie *ein* Lebewesen.

Dieses symbiotische Muster macht die Beziehung zu einem Gefängnis, zu einem goldenen Käfig. Denn in Wirklichkeit bleiben ja beide – trotz aller Einheit und Einigkeit – zwei getrennte Individuen, und ohne dass es ihnen bewusst sein muss, bringt sich ihre Individualität zur Geltung. Vielleicht geschieht es dadurch, dass ab und zu, wie der Blitz aus heiterem Himmel, für beide unerklärlich heftige Streite ausbrechen, über die dann beide zutiefst unglücklich sind und die sie doch nicht verhindern können. Oder es kann sein, dass die Sexualität nicht mehr als lustvoll erlebt wird, einer von beiden beginnt in seiner Erlebnisfähigkeit zu »streiken«, sie wird »frigid« oder er »impotent«, oder – ein immer häufiger auftretendes Phänomen – beide verlieren überhaupt die Lust am Sex und leben – oft jahrelang – wie Bruder und Schwester zusammen. Nur manchmal, weil es dazugehört, schlafen sie miteinander, aber sie tun es eher aus Pflichtgefühl. Da dies meist frustrierend verläuft – kein Wunder, wenn die Versuche so selten geschehen –, gibt es nur wieder neuen Grund, es nicht mehr zu tun. Der Therapeut begegnet dann zwei Menschen, die zwar zart und liebevoll miteinander umgehen, aber dennoch keinerlei erotischen Bezug mehr zueinander haben. Das eigentliche Problem dabei ist, dass sie aufgehört haben, zwei verschiedene Wesen zu sein. Das Ersterben ihrer Sexualität ist ein unbewusster Protest dagegen.

Eine andere Form, in der die Individualität ihren Widerstand gegen die Verschmelzung anmeldet, ist die Entwicklung unerklärlicher Körpersymptome. Allergien, Migräne, Magenbeschwerden oder schwere Depressionen: All dies können solche geheimen Gegenmaßnahmen unseres Unbewussten gegen die Auslöschung unserer Individualität sein.

Die Signale sind deutlich. Allerdings werden sie oft nicht richtig entschlüsselt. Bücher über sexuelle Praktiken werden gelesen und befolgt, Pillen vom Allgemeinarzt werden geschluckt, und komplizierte Behandlungen beim Heilpraktiker werden absolviert. All das bringt vielleicht Linderung, jedoch keine Heilung. Denn solche Maßnahmen – losgelöst von der Gesamtsituation ergriffen – gehen über die eigentliche Sprache des Symptoms hinweg, und darum greifen sie nicht wirklich. Das symbiotische Beziehungsmuster wird durch sie nicht aufgelöst, sondern eher aufrechterhalten und verstärkt. Denn einer oder beide werden dadurch zum Patienten erklärt, und durch die fürsorglichen Bemühungen, die das auslöst, verstricken die beiden sich nur noch mehr ineinander.

Warum nur halten Paare so verzweifelt an der Verschmelzung als Dauerzustand fest? Einmal praktizieren sie damit nur, was der kollektiven gesellschaftlichen Überzeugung entspricht. Denn wer würde ernsthaft kritisieren wollen, dass sie »ein Herz und eine Seele« sind? Dass nie einer ohne den anderen auftritt, verstehen doch die meisten Menschen als ein Zeichen besonderer Liebe, ebenso wie den Satz »Ohne dich kann ich nicht leben«. Die Wurzeln dieser Identifizierung von Liebe und Verschmelzung liegen allerdings tief in der individuellen Lebenserfahrung der Partner begründet.

Was sie im Verliebtheitserlebnis erfahren haben, entweder »wirklich« oder als Projektion ihrer Wunschphantasie, hat nicht nur mit diesem Partner und nicht nur mit diesem Moment der Begegnung zu tun. Neben der »progressiven«, nach vorne gerichteten Seite der Vision, von der ich im letzten Kapitel gesprochen habe, gibt es auch eine »regressive«, nach rückwärts gewandte Seite. Dieser Seite schenken wir jetzt vor allem Beachtung. Was in der Verliebtheit erlebt wird, reicht weit zurück, weit über die Person des jetzigen Partners und den jetzigen Augenblick der Begegnung hinaus, zurück in die Anfänge der eigenen Lebensgeschichte. In der Verliebtheit, wie überhaupt in jeder intensiven erotischen Begegnung zwischen Frau und Mann, werden die frühesten Beziehungserfahrungen des Kindes mit den Eltern und vor allem die allerfrühesten des ganz kleinen Kindes mit der Mutter wiederbelebt.

Das kleine Kind lebt nach der Geburt noch längere Zeit in enger Symbiose mit der Mutter. Sein Ich ist noch nicht eindeutig abgegrenzt, das Kind erlebt die Mutter wie einen verfügbaren Teil seiner selbst. Wenn man stillende Mütter mit ihren Kindern beobachtet, kann man diese Einheit unmittelbar sehen. Erst in einem allmählichen Prozess lösen sich Kind und Mutter voneinander, wobei über längere Phasen die Möglichkeit einer problemlosen Rückkehr des Kindes in die Symbiose mit der Mutter von größter Wichtigkeit ist, damit dieser Lösungsprozess gelingt.

Natürlich liegt es nicht nur an der Mutter, ob diese symbiotische Phase gelingt und in angemessener Weise gelöst wird. Ob und wie der Vater die Mutter unterstützt, damit sie ganz für das Kind da sein kann, ob und wie der Vater das Kind von der Mutter wegholt, um ihm die Welt zu zeigen, und es wieder zur Mutter zurücklässt, wenn es das will, entscheidet ganz wesentlich mit über die Bewältigung dieser wichtigen Lebensphase. Dass sie aber gelingt, darüber sind sich alle heute einig, ist von entscheidender Bedeutung für das weitere Schicksal des Kindes, vor allem für seine späteren Beziehungen. Wenn das Kind zu früh »auf die eigenen Beine gestellt« worden ist und die Mutter nicht als verlässliche Zuflucht erlebt hat oder aber wenn, im Gegenteil, das

Kind festgehalten und nicht in ein eigenes Leben entlassen worden ist, hat dies Folgen. In solchen Fällen gehen Kinder mit einem Beziehungsdefizit ins Leben hinein. Ohne eine Phase abgeschlossen zu haben, müssen sie sich schon den Aufgaben der nächsten Phase stellen. So geschieht es häufig, dass Menschen versuchen, in späteren Phasen die früheren nachzuholen. Das heißt in unserem Zusammenhang: Im Geheimen versuchen sie, mit dem Liebespartner das zu erleben, was mit der Mutter nicht ausreichend gelungen ist, nämlich die Mutter-Kind-Symbiose. Das starke Erlebnis der Verliebtheit aktiviert die Sehnsucht nach Verschmelzung mit der Mutter in einem ungeheuren Ausmaß und lässt die Hoffnung erstehen: Jetzt wird es gelingen, hier werde ich sie endlich bekommen, die verschmelzende und doch zugleich ins Leben freigebende unbedingte Liebe.

In einem solchen Fall liegt es sehr nahe, die Beziehung mit dem Liebespartner zu überfordern, zumal dann, wenn auch er ein »verlassenes Kind« ist, das im andern ebenfalls die spendende und fördernde Mutter zu finden hofft. Das gilt sehr oft auch für die Frau. Es ist keineswegs immer so, dass eine Frau, die auf ihren Partner kindliche Wünsche richtet, in diesem eine Vaterfigur sieht. Oft erwartet auch sie vom Mann eine mütterliche Zuwendung, und ihr Wunsch, an der Verschmelzung mit ihm festzuhalten, ist im Kern der Wunsch, die Verschmelzung mit der Mutter nachzuholen oder aufrechtzuerhalten. Darum wählen solche Frauen oft weiblich geprägte Männer – und sind dann später frustriert, keinen »richtigen« Mann zu haben.

Aber der Wunsch nach Verschmelzung ist »unzeitgemäß«. Er kann nicht mehr erfüllt werden. Denn die Zeit des Säuglings und Kleinkinds ist unwiederbringlich vorbei. Diese Gesetzmäßigkeit des Lebens führt die Partner dazu, sich – bewusst oder unbewusst – gegen diesen Wunsch selbst zu wehren. Indirekt sagen sie sich mit ihren Symptomen: »Du bist hier an der falschen Adresse! Was du suchst, ist hier nicht mehr zu bekommen!« Wenn sie die Sprache der Symptome zu verstehen beginnen, löst dies schwere Krisen aus, ja es wird als Zerbrechen der Liebe erlebt. Aber eigentlich liegt darin eine große Chance. Im Wachwerden symbiotischer Beziehungswünsche wird ja die eigene Geschichte dem Bewusstsein zugänglich und damit auch der Bearbeitung. Freilich wehren sich die Partner oft heftig gegen diese Einsicht. Denn mit ihr zu gehen würde heißen, das Paradies der verlorenen Kindheit, das Paradies der Verschmelzungsliebe, schon wieder zu verlassen, da es doch gerade erst am Horizont aufgetaucht ist. Es würde bedeuten, sich einzugestehen, dass manches in meiner frühen Geschichte vielleicht nicht gut gelaufen ist und dass meine Eltern ihre Begrenztheiten und Unfähigkeiten hatten, die mein Schicksal mitbestimmt haben. Das ist für viele, die auf eine heile Kindheit zurückschauen wollen, eine herbe Einsicht, löst Wut und Trauer aus und führt zu Ernüchterung.

Außerdem würde es bedeuten: Ich muss überhaupt Abschied nehmen von einem Dauerzustand der Verschmelzung, Abschied von dem Wunsch, mein Partner möge mir die entgangene Liebe ersetzen und mich so »erlösen«. Das heißt: Ich bin trotz Liebe und Partnerschaft auf mich selbst zurückgeworfen, bleibe im Kern dennoch auch ein Einsamer und muss mühsam meine eigenen Schritte tun auf dem Weg zur persönlichen Reife.

Damit will ich nicht bestreiten, dass in der Phase der Verliebtheit mit ihrem seligen Verschmelzungszustand tatsächlich so manches Beziehungsdefizit aus früheren Zeiten kompensiert werden kann. Es kann sein, dass ich hier wirklich etwas erfahre, das ich so in keiner anderen Beziehung erlebt habe, und dass daran meine Seele in wichtigen Teilen gesundet und einige ihrer Wunden verheilen. Ich will außerdem betonen, dass es in jeder erotischen Beziehung auch im weiteren Verlauf immer wieder regressiv-symbiotische Verschmelzungsphasen und -momente geben sollte, in denen sich die Partner gegenseitig mütterlich »füttern« und verwöhnen sowie beieinander auftanken wie Kinder in den Armen und an der Brust ihrer Mutter.

Dies aber wird auf Dauer nur möglich sein, wenn sich beide klarmachen, dass diese Beziehung dennoch nicht einfach eine Wiederholung der Mutter-Kind-Symbiose sein kann. Ich bekomme *etwas,* aber nicht alles. Und nur, wenn ich mir bewusst werde, dass ich nicht mehr *alles* bekomme, werde ich das »etwas« dankbar annehmen und heilend erleben können.

Auf jeden Fall muss ich bereit sein, die Idee der Verschmelzung als Dauerzustand fahren zu lassen, so schmerzlich dies sein mag. Schmerzlich erfährt dies übrigens nicht nur derjenige, der ein Beziehungsdefizit aus der symbiotischen Mutter-Kind-Phase in die Beziehung einbringt. Auch für den relativ »gesund« Aufgewachsenen ist Abschied aus der Verschmelzungsphase der Verliebtheit nötig, und auch er erlebt diesen Abschied schmerzhaft. Denn die Verschmelzung mit dem Geliebten belebt ja nicht nur die neurotischen Züge einer nicht gut gelungenen Mutter-Kind-Beziehung, sondern überhaupt die frühe Ursprungssymbiose zwischen Mutter und Kind und damit die Erfahrung jenes paradiesischen Urzustandes, den wir alle erlebt haben und aus dem wir alle – ob mit mehr oder weniger neurotischen Anteilen – herausgefallen sind. Insofern dieser Urzustand unsere Einheit mit »dem Ganzen« symbolisiert, ist dies außerdem nicht nur eine rückwärtsgewandte, regressive Erfahrung. Im Verschmelzungserlebnis der Verliebtheit sowie in der darin wiederbelebten Verschmelzung des Kindes mit der Mutter wird »progressiv« vorweggenommen und vorausgeahnt, dass es unsere letzte Bestimmung ist, in diese Einheit mit dem »Ganzen« einmal zurückzukehren. Darin liegt die religiöse Dimension der Verliebtheitserfahrung. Ich werde im letzten Kapitel darauf zurückkommen.

Ob dieses übergreifende Ganze nun Gott, Kosmos, Atman oder Nirwana genannt wird, ist eine Frage des jeweiligen Glaubenssystems. Aber in allen spirituellen Schulen wird in dieser Verschmelzung mit dem »Ganzen« der Endzustand des Menschen gesehen, nach dem unsere tiefste Sehnsucht geht. Nicht nur die Vollgestalt unserer Beziehung leuchtet also in der Verliebtheit auf, sondern unsere Vollendung schlechthin. Darum möchte jeder diesen seligen Zustand festhalten. Aber auch hier gilt: Die Vision darf nicht mit der Realität verwechselt werden. Sie ist dazu da, um uns auf den Weg zu schicken, nicht, um festgehalten zu werden.

Geschieht dies dennoch, verwandeln wir die Beziehung, wie gesagt, in einen goldenen Käfig. Die erwähnten Symptome, unter denen das Paar zu leiden beginnt, zeigen allerdings, dass das Paradies bereits ein für alle Mal verlassen ist. Es gibt kein Zurück mehr. Die Hoffnung, in einer Therapie oder Beratung könnte dieser Zustand wiederhergestellt werden, ist häufig, aber illusionär und führt darum zu Therapie-Abbrüchen. Wenn das Paar bemerkt, dass auch der Therapeut den Engel, der mit dem flammenden Schwert vor dem Eingang des Paradieses steht, nicht mehr vertreiben kann, sind sie ihm böse und bleiben weg. Das Rad kann aber nicht zurückgedreht werden, die Bewegung kann nur weiter nach vorne gehen, und das heißt: in Richtung Auflösung der symbiotischen Einheit, hinein in eine Phase, in der mehr Individualität der Partner im Vordergrund steht. So gesehen sind die erwähnten Symptome – zwanghafter Streit, sexuelle Erlebnisunfähigkeit, psychosomatische Beschwerden – nicht nur Zeichen, dass etwas vorbei ist, sondern werden zu »Vorboten der Veränderung«.[8] In ihnen drängt das Paar selbst unbewusst auf Veränderung von einer mehr symbiotischen zu einer mehr autonomen Liebe.

Individualität, Autonomie, Distanz sind nicht ein Gegensatz zur Liebe, sondern gehören zu ihr dazu. Partnerliebe ist nicht momenthaft immer wieder dasselbe. Sie vollzieht sich in einer Art Pendelbewegung. Phasen und Momente der Verschmelzung müssen von Phasen und Momenten der Distanzierung abgelöst werden, und diese münden wieder in Phasen und Momente der Verschmelzung. Man kann sich nur vereinen, wenn man auch immer wieder seine Getrenntheit erfährt. Man muss einander von Zeit zu Zeit loslassen, damit man sich wieder vereinen kann, und wenn man den anderen immer nur festhält, spürt man ihn auf einmal gar nicht mehr.

Was sich täglich und stündlich in jeder Beziehung als Pendelbewegung zwischen den Polen der Verschmelzung und der Distanzierung vollzieht, ereignet sich auch über die Dauer einer Paarbeziehung hin in bestimmten längeren Phasen. Ich habe andernorts fünf solcher Phasen genauer beschrieben,[9] die sich gewissermaßen spiralförmig im Leben eines Paares immer wieder wiederholen. Einer Phase der Verschmelzung in der Verliebtheit folgt eine Phase des Widerstands gegen die Verschmelzung, die sich oft in den erwähnten zunächst unerklärlichen Streitigkeiten und anderen Symptomen zeigt. Wenn das Paar hier nicht stehen bleibt, tritt es in eine dritte Phase ein, in die Phase der Distanzierung. Hier wird die Auflösung der Symbiose nötig, und die Autonomie der Partner tritt als Aufgabe in den Vordergrund. Wird diese Phase erfolgreich durchschritten, kann eine weitere, eine vierte Phase beginnen, die Phase vorsichtiger Wiederannäherung. Diese mündet schließlich in einer Phase der neuen Vereinigung auf einer reiferen Stufe. Diese fünfte Phase ist wieder eine Phase der Verschmelzung, allerdings mit mehr Autonomie und persönlicher Reife, als dies in der Verliebtheitsphase der Fall war. Die Pendel- oder Spiralbewegung des Lebens geht jedoch weiter, und so wird die fünfte Phase gleichsam wieder zu einer ersten, der eine zweite, dritte und so weiter folgen, bis allmählich ein Ausgleich gefunden wird zwischen Verschmelzung und Autonomie und beide nicht mehr als Gegensatz erscheinen, sondern sich einer Synthese, einer »Vereinigung der Gegensätze«, annähern. Partnerliebe vollzieht sich also prozesshaft in der Bewegung zwischen den beiden Polen »Ich« und »Du«, Autonomie und Verschmelzung.

Es ist freilich ein großes Glück, wenn ein Paar eine innige Verliebtheitsphase erlebt hat, in der beide sich so intensiv aufeinander einlassen konnten, dass ihre individuellen Grenzen verschwammen und sie »ein Fleisch« wurden. Eine solche Erfahrung kann für ein Paar eine solide emotionale Basis sein, die auch in schweren Zeiten trägt, und sicherlich haben es Paare zuweilen schwerer, die eine solche Verschmelzungsphase niemals erlebt haben. Natürlich ist es außerdem nötig, wie im ersten Kapitel dargelegt, solchen Verschmelzungserfahrungen auch immer wieder Raum zu geben, denn sie sind gleichsam der Dünger, der unsere Beziehung immer wieder nährt. Aber nur mit Dünger gedeiht ein Garten auch nicht. Genauso nötig hat er, dass der Boden durchgearbeitet, Wucherndes weggeschnitten, der Rasen gelüftet, das Unkraut ausgerissen wird. Dies geschieht in einer Beziehung in den Phasen der Distanzierung, in denen die Abgrenzung und die Autonomie des Einzelnen in den Vordergrund rücken. Auch solche – unangenehmen – Maßnahmen sind nötig, damit das Wachstum nicht blockiert und was wächst nicht erstickt wird.

Vor allem Paare, die lange Zeit an der Vorstellung von Liebe als Dauerverschmelzung festgehalten haben, müssen lernen, solche Distanzierungsphasen bewusst herbeizuführen, damit der andere Pol der Beziehung, das »Ich«, die Autonomie, zur Geltung kommt. Deshalb will ich jetzt noch genauer auf die Frage eingehen: Wie können solche Distanzierungsphasen eingeleitet und gestaltet werden?

Oft erkennen Paare noch gar nicht, dass Distanzierung und Autonomie in ihrer Beziehung »dran« sind. Symbiotische Paare mit sexuellen Problemen oder heftigen Streitausbrüchen möchten eher mehr zusammenrücken als auf Distanz gehen, und es ist manchmal für sie sehr schwierig, vom Therapeuten zu hören: »Ihr seid viel zu nah zusammen!« Wie können sie zu nah beisammen sein, wo sie doch ohnehin nur streiten? Ein solches Paar muss zunächst begreifen, dass der Streit gerade eine Form des Klammerns aneinander ist.

Wenn das Paar verstanden hat, dass es zu sehr aneinander festhält, gilt es als Nächstes zu verstehen, dass ein Auseinanderrücken noch keine Trennung bedeutet. Vielmehr muss verstanden werden, dass es der Entwicklung der Autonomie und Individualität dient, die jeder von beiden braucht, damit die Beziehung weiterleben kann.

Der nächste Schritt ist, herauszufinden, wie viel Distanz jeder braucht, um in der Beziehung zur Entfaltung zu kommen und zu lernen, dem anderen ein echtes Gegenüber zu sein. Solche Freiräume müssen dann definiert und regelrecht ausgehandelt werden. Konkrete Möglichkeiten dazu gibt es für die meisten Paare heutzutage genug. Weder durch die Wohnverhältnisse noch durch den materiellen Überlebenskampf sind die meisten von ihnen heute so aneinandergekettet, dass Spielraum für solche Maßnahmen fehlen würde.

Es kann schon viel getan sein, wenn ein Partner lediglich ohne den anderen eigene Initiativen und Aktivitäten zu entfalten beginnt. Es kann aber auch nötig sein, dass sie im Haus räumlich Distanz schaffen durch getrennte Zimmer und getrennte Betten, es kann sogar gut sein, vorübergehend für eine bestimmte, festgelegte Zeitspanne auseinander zu ziehen – ohne dass dies mit Krach und Verletzungen abgehen müsste. Solche Trennungen sollen Besinnungspausen sein, die man um der Entwicklung willen gemeinsam vereinbart.

Ob mit oder ohne äußere Trennung – als nützlich hat sich auf jeden Fall erwiesen, dafür eine Zeitperspektive – Spielraum im zeitlichen Sinn! – einzuführen. Man vereinbart Experimentier-Zeiträume, in denen keiner der Partner eine endgültige Trennungs-Entscheidung über die Beziehung fällt, die er aber intensiv für sich und seine Entwicklungsaufgaben nutzt und nach deren Ablauf man Bilanz zieht, um zu sehen, wo man steht.

Dass solche Distanzierungsphasen – vor allem wenn die vorangehende Verschmelzungsphase viel zu lange aufrechterhalten wurde – unter Umständen bis zu einer zeitlich vereinbarten auch äußeren Trennung gehen können, ist nun freilich für manchen ein schockierender Gedanke. Ich bin jedoch überzeugt: Wenn Paare häufiger davon Gebrauch machen würden, müssten sie sich seltener ganz scheiden. Denn meistens scheitern Beziehungen nicht an zu viel Distanz, sondern am Anspruch auf zu viel Nähe. Statt sich der Herausforderung zu stellen, in eine Phase der Distanzierung einzutreten, trennen sie sich lieber ganz, um sich aus der Phase des Widerstands wieder in eine symbiotische Verschmelzung mit einem neuen Partner zu retten – und um über kurz oder lang dasselbe wieder zu erleben.

Das müsste nicht so sein. Wenn Paare öfter bereit wären,

sich innerhalb der Beziehung zu trennen, würden sie sich wieder treffen in einer neuen Phase der Vereinigung auf einer reiferen Stufe. Wenn sie es riskieren und aushalten würden, dass sie und ihr Partner zu gewissen Zeiten eigene Wege beschreiten müssen, wäre eine endgültige Trennung viel seltener nötig.

Wenn ein Paar eingesehen hat, dass es notwendig ist, einander loszulassen, wenn es also aus der Phase der Verschmelzung über die Phase des Widerstands an den Beginn der Distanzierungsphase gelangt ist, worauf kommt es dann an? Immer geht es in irgendeiner Form um die Bedürfnisse des Individuums, die nun in den Vordergrund treten. Darum gebe ich in der Therapie Paaren, die diese Phase erreicht haben und willens sind, sie zu durchleben, immer verschiedene Aufgaben, die das Individuum und seine Autonomie betonen. Meist sind dies Aufgaben aus folgenden Bereichen:

1. Den Partner aus seiner Quasi-Mutter-/Vater-Rolle entlassen und für sich selber sorgen lernen. In symbiotischen Beziehungen haben die Partner immer den Anspruch aneinander, dass der andere sich ihnen gegenüber wie ein Vater/eine Mutter verhält. Für den Mann ist es zum Beispiel selbstverständlich, dass er sich bei seiner Frau ausjammern kann, wann immer er frustriert ist, dass sie für ihn Arzttermine macht und ihm die Kleider einkauft. Die Frau wiederum geht selbstverständlich davon aus, dass der Mann sich um ihr Auto kümmert und ihr das Geld »zuteilt«. In die Distanzierungsphase einzutreten heißt, den Partner aus dieser selbstverständlichen Vater-/Mutter-Rolle zu entlassen und selbst die Verantwortung für sich und seine Angelegenheiten zu übernehmen. Der Mann beginnt zum Beispiel, sich um sein leibliches Wohl, seine Bekleidung und seine Gesundheit selbst zu kümmern,

und die Frau überlegt selbst, wie viel Geld sie braucht und wie es einzuteilen ist. Dies sagt nichts gegen eine pragmatische Arbeitsteilung. Es beschreibt nur eine andere Haltung: Ich setze nicht mehr selbstverständlich voraus, dass der andere schon für mich denken wird. Ich beginne, mich selbst zuständig zu fühlen. Männern fällt dies oft schwer, wenn es um die »inneren Angelegenheiten«, die Beziehung und ihre eigene »Seele« geht, Frauen dagegen haben oft Mühe, die Verantwortung für »äußere Angelegenheiten« wie Auto, Geld, Zukunftsplanung zu übernehmen. In der Regel erleben es Partner als einen sehr befreienden Schritt aus der Unmündigkeit heraus, wenn sie sich nun um ihre Angelegenheiten selbst zu kümmern beginnen, abgesehen davon, dass sie den anderen in seiner Überverantwortlichkeit damit erheblich entlasten.

2. Die rechte Beziehung zu den eigenen Eltern herstellen. Symbiotische Paare übertragen auf den Partner, was sie insgeheim von den eigenen Eltern fordern. Insofern spielen dabei immer ungeklärte Probleme mit den eigenen Eltern eine Rolle. Je mehr dieses Verhältnis geklärt wird, desto mehr wird der Partner entlastet und desto mehr löst sich die Symbiose auf. Immer wenn Partner sich gegenseitig mehr loslassen und ihre Verschmelzungsphantasien aufgeben, werden unerledigte Geschäfte mit den eigenen Eltern deutlich und drängend. Also müssen diese unerledigten Geschäfte angegangen werden. Es geht dabei in unterschiedlichem Ausmaß um zwei Aufgaben: die Kindrolle den eigenen Eltern gegenüber aufzugeben, und: auf einer erwachsenen Ebene mit den Eltern wieder »normale Beziehungen« herzustellen. Das Erste ist mehr eine Aufgabe der Abgrenzung, das Zweite mehr die der Versöhnung. So kann zum Beispiel einem Mann deutlich werden, dass er im Familienbetrieb seinen Eltern gegenüber

noch immer die Rolle des Sohnes spielt und damit nicht der erwachsene Partner seiner Frau geworden ist. Er entschließt sich, mit seinen Eltern diese Angelegenheit zu regeln, und dies führt vielleicht zu einer neuen Bestimmung der Eigentumsverhältnisse und der Zuständigkeiten. Er setzt durch, nun wirklich der Chef im Betrieb zu sein. Das ist die Aufgabe der Abgrenzung und das Verlassen der Kind-Rolle.

Die Aufgabe der Versöhnung kann dann darin bestehen, dass er anerkennt, was er von seinen Eltern bekommen hat und dass er sein Erbe als würdiger Nachfolger seiner Eltern antritt, dass er sich außerdem um deren Wohlergehen im Alter kümmert und alle dazu nötigen Maßnahmen mit ihnen aushandelt und einleitet. So löst er sich ganz konkret aus der Rolle des Sohnes und wird ein erwachsener Mann, der auch seiner Frau ein wirkliches Gegenüber sein kann. Er hat die Auseinandersetzung an die richtige Stelle gebracht und sie hier zu einem konstruktiven Ende geführt. Diese Auseinandersetzung habe ich in meinem Beispiel als einen ganz konkreten, auch äußeren Vorgang geschildert. Wichtig dabei ist freilich der innere Prozess. Auf ihn kommt es vor allem an. Der äußere Kontakt mit den Eltern, wenn sie noch leben, kann hilfreich sein, ist aber nicht notwendig. Auch wenn sie bereits tot sind, geht es um dasselbe: den inneren Anspruch, den Eltern gegenüber noch das Mädchen und der Junge zu sein, aufzugeben, die Eltern als Eltern anzuerkennen und mit ihnen Frieden zu schließen. Es kann sein, dass mancher sich dazu nicht in der Lage fühlt. Dann ist therapeutische Hilfe angesagt. Denn wenn wir an einer Trotz- oder Abhängigkeitsposition zu unseren Eltern festhalten (was ein und dasselbe ist), verwickeln wir notwendigerweise unseren Partner in eine symbiotische

Ersatzposition, vermischen die Paarbeziehung mit der Elternbeziehung und töten damit die erwachsene Liebe.

3. Eine positive Beziehung zum eigenen Geschlecht herstellen. Partner in symbiotischen Beziehungen haben oft ein problematisches Verhältnis zu ihrer eigenen Geschlechtlichkeit. Frauen fühlen sich nicht wirklich weiblich und Männer nicht wirklich männlich. Das rührt daher, dass sie ihr eigenes Leben nicht wirklich in Besitz genommen haben. Die Person des einen verschwimmt mit der Person des anderen. Das hängt wiederum damit zusammen, dass beide ja noch in einer Quasi-Kind-Position leben, die auf den anderen wie auf eine Elternfigur bezogen ist. Darum wird es für viele in dieser Phase eine wichtige Aufgabe, sich selbst als Frau und als Mann zu entdecken und anzunehmen. Je nach Situation kann es dafür verschiedene Wege geben. Es kann darum gehen, die eigene männliche oder weibliche Körperlichkeit neu zu entdecken. Frauen haben ihren Körper oft ausgeblendet und werten ihn ab. Es hilft ihnen, wenn sie sich aufmerksam im Spiegel betrachten, wenn sie beginnen, die tabuisierten Körperzonen liebevoll anzuschauen und zu berühren. Männer haben zwar auf den ersten Blick da oft weniger Probleme, aber wenn man genauer hinsieht, entdeckt man oft eine bestürzende Leibfeindlichkeit: Sie behandeln ihre Körper wie Maschinen. Die körperliche Betätigung, zum Beispiel Fußballspielen oder Joggen, ist sehr oft ein aggressiver Gewaltakt gegen ihren Körper. Sie leben über das feinere Spüren einfach hinweg. Was sie lernen müssen, ist ein sanfter Umgang mit ihrem Körper, zum Beispiel durch Atem-, Entspannungs- und Bewegungs-Übungen.

Das Gefühl, mit sich als Frau/als Mann identisch und auch ohne den andersgeschlechtlichen Partner »vollständig« zu sein, kann außerdem sehr gefördert werden durch freundschaftlichen Kontakt zu Gleichgeschlechtlichen. Hier haben Frauengruppen und Männergruppen schon viel Gutes geleistet, ebenso kann der Aufbau und die Pflege von einzelnen Männer- und Frauenfreundschaften wichtig sein. Beides hilft, sich des eigenen Geschlechts bewusst zu werden und es in der Solidarität mit anderen Gleichgeschlechtlichen anzunehmen. Vor allem von Männern aus symbiotischen Verschmelzungsbeziehungen höre ich immer wieder, wie gut es ihnen tut, zu anderen Männern einmal keine Konkurrenzbeziehung zu haben und im Kontakt mit ihnen nicht nur »sachlich« zu sein, sondern sie als Ratgeber, Spielgefährten und Gesprächspartner zu erleben. Dabei finden sie sich selbst als Männer neu und erfahren es als Befreiung, nicht mehr in allem und jedem, was sie persönlich betrifft, auf die Frau als ihre »bessere Hälfte« angewiesen zu sein.

4. Sich selbst als Individuum entdecken und seine eigene Welt aufbauen. Wir haben von der Notwendigkeit gesprochen, im Strom des Alltags eine Insel der Gemeinsamkeit zu errichten. Für symbiotische Paare ist es mindestens genauso wichtig, dass jeder der beiden Partner entdeckt, dass er auch eine eigene Insel hat und braucht, eine Insel, die nur ihm gehört, die seine Welt ist, nur seine, auch nicht die seines Partners. Es ist die Insel, auf die er sich zurückziehen kann. Das kann eine Vorliebe für ein bestimmtes Interessengebiet sein oder eine Bastelei, Musikpflege oder ein individueller Freundeskreis und vieles mehr. Manchmal kann er – als Gastgeber – den Partner auf diese Insel einladen, aber die Insel bleibt die seine, der Partner ist hier nur Gast!

Bei symbiotischen Paaren erschrickt man oft über den totalen Mangel an Eigenleben der Partner. Bei Frauen äußert sich das oft darin, dass sie in der ganzen Wohnung keinen eigenen Platz für sich haben, aber auch die Männer haben oft nichts wirklich Eigenes, sie funktionieren nur für Beruf und Familie. Das, was sie selber sind, kommt nicht mehr zum Tragen. Die eigene Insel zu entdecken ist oft eine schwierige Aufgabe, sie muss mit großem Einsatz erkämpft werden. Gerade Frauen, die sich jahrzehntelang für die Familie aufgeopfert haben, fällt das manchmal sehr schwer. Sie waren immer nur bezogen auf »ihn« (und die Kinder). Nun sind sie ausgebrannt, die Symbiose »kippt«, wird ein quälender Kampf. Da liegt es nahe, die Schuld an der Misere allein dem Mann in die Schuhe zu schieben, für den sie das alles getan haben. Das ist leichter, als einzusehen, dass es ihre Entscheidung war, über die Jahre hin auf ihre eigene Insel zu verzichten, und es ist leichter, als sich jetzt auf die Suche nach der eigenen Insel zu begeben.

Ich fange bei Partnern, für die dieser Punkt aktuell ist, in der Therapie meist sehr klein an. Ich gebe ihnen die Aufgabe, einen Tag in der Woche als »Tag für sich« zu wählen. An diesem Tag sollen sie dann tun, was sie gerne für sich tun möchten, vielleicht etwas, das sie sich schon lange einmal gewünscht haben, das ihnen aber als zu banal oder zu verrückt erschien, um es zu verwirklichen, was sie aber ganz allein, ohne »ihn«, ohne »sie« tun wollen. Oft entdecken sie bei dieser Übung, in welch erschreckendem Ausmaß sie sich in der Beziehung als Individuum verloren haben, aber auch wie viel unentdecktes Leben in ihnen steckt, um das sie sich nicht gekümmert haben. Schon diese kleine Übung bringt in die überanstrengte Zweisamkeit oft eine wohltuende Lockerung und macht die Partner wieder neugierig aufeinander. Denn nun besitzt der andere wieder ein kleines Quäntchen »Geheimnis«, das ihn interessant macht.

Freilich macht sie oft auch Angst, aber in den meisten Fällen überwiegt die Erleichterung darüber, wenn der gegenseitige »Klammergriff« nachlässt. Nach diesem ersten Schritt müssen natürlich weitere folgen, was immer leichter fällt, je mehr die Partner auf diese Weise »Lust auf sich selbst« bekommen haben.

Es geht bei allem, was ich zuletzt geschildert habe, um ein gewisses Maß an Abgrenzung gegenüber dem Partner. Das ist schmerzhaft und muss manchmal gegen große Widerstände durchgesetzt werden. Partner sind in ihrer Entwicklung sehr oft nicht im Gleichschritt. Der eine ist weiter voraus, er ist schon in die Distanzierungsphase eingetreten, der andere sträubt sich, hängt noch in der Widerstandsphase, lässt sich vielleicht nur stückchenweise mitziehen. Das ist mühsam und anstrengend. Aber wenn der Schritt in die Distanzierungsphase dennoch gewagt und das eigene Potential entfaltet wird, kann dieses als Reichtum wieder in die gegenseitige Annäherung eingebracht werden. Ich bin in einem volleren Sinn »ich selbst« – und das kommt dann auch wieder meinem Partner zugute. Menschen, die das erkannt haben, wehren sich darum nicht mehr gegen die Abgrenzungs- und Autonomieversuche des anderen, im eigenen Interesse beginnen sie, sich gegenseitig zu unterstützen und zu fördern, wenn jeweils ein neuer Schritt in eine größere Autonomie ansteht. Das heißt, der Übergang von einer Verschmelzungsphase in neue Phasen der Distanzierung muss im Laufe der Zeit immer seltener durch eine mühselige Phase des Widerstands hindurchlaufen. Der Prozess wird immer müheloser, ein lockeres Pendeln zwischen Vereinigung und Trennung, eine spielerische Bewegung – eine Art Tanz entsteht. Das Zusammenleben wird reicher an phantasievollen »Tanzfiguren«, die nicht nur von außen schön anzusehen sind, sondern auch die Tänzer mit Befriedigung erfüllen und ihnen das Gefühl geben, etwas zustande gebracht zu haben.

Natürlich bleibt da immer auch ein Risiko: Je gewagter die Tanzfiguren, desto größer die Gefahr, aus dem Tritt zu kommen und einander zu verlieren. Aber je öfter dieses Risiko eingegangen wird, desto mehr wächst das Vertrauen der Partner, sich wieder neu und tiefer zu finden. Sie wissen immer sicherer, dass sie einander so wertvoll sind, dass sie sich ganz und gar loslassen können, ohne sich zu verlieren.

Kann sich dieser Prozess der Abgrenzung und Annäherung voll entfalten, nähert er sich allmählich einem Zustand an, in dem Verschmelzung und Autonomie nicht mehr als Widerspruch erlebt werden. Jeder von beiden ist ganz bei sich und erlebt sich dennoch auch ganz eins mit dem anderen. Distanzierung und Abgrenzung zerstören also die Liebe nicht, sondern machen sie lebendig und tief.

Kapitel 3

Ich bin ich – und du sollst für mich da sein!

Liebe als Selbstverwirklichung

Im letzten Kapitel bin ich gegen die Verschmelzungsideologie des neo-romantischen Beziehungsideals »zu Felde gezogen« und habe die Notwendigkeit der Individualität betont. Seltsamerweise gibt es im selben Beziehungsideal auch eine Betonung des Ich, obwohl dies das Gegenteil zur Verschmelzungstendenz zu sein scheint. Das Ich wird im neo-romantischen Beziehungsideal nicht nur betont, die Liebe wird sogar zum Inbegriff der Selbstverwirklichung. Das neo-romantische Beziehungsideal gerät sozusagen gleichzeitig in den linken *und* in den rechten Straßengraben. Die Extreme berühren sich. Unmittelbar neben der Idee der Verschmelzung, also des Ineinander-Aufgehens, steht die Vorstellung, dass das Ich in der Liebe zum Partner seine volle Entfaltung und Verwirklichung finden soll. Auch das ist natürlich eine zentrale Erfahrung im Verliebtheitserlebnis:

Dass du mich liebst, macht mich mir wert,
Dein Blick hat mich vor mir verklärt,
Du hebst mich liebend über mich.
Mein guter Geist, mein bessres Ich!

Dieser Gedanke (Friedrich Rückerts[10]) zieht sich auch durch
viele Märchen: Die Liebe der Schönen verwandelt das Un-
tier in einen Prinzen, Dornröschen erwacht vom Kuss des
Königssohns zum eigentlichen Leben, der Prinz macht
Aschenputtel zu seiner strahlenden Frau …
Dass die Partnerbeziehung auch eine Einschränkung der
eigenen Person, eine Einengung oder gar einen Verzicht bedeuten könnte, dieser Gedanke liegt hier völlig fern, ist geradezu ein Gegen-Gedanke zur Liebe. In der Verliebtheit
wird der Partner als Zugewinn für das eigene Ich erlebt, die
Vereinigung mit ihm als Entgrenzung der eigenen engen
Grenzen. Der Liebespartner wird für mich zum Spiegel, in
dem ich meine eigene Person in strahlendem Licht sehe. In
der Liebe des anderen erscheine ich mir plötzlich selbst als
höchst liebenswert, und alle Selbstzweifel und Selbstabwer-
tungen scheinen überwunden. Ich erlebe mich in einer un-
geahnten, nie zuvor erlebten Lebensfülle. Darum werden
Liebe und Selbstverwirklichung gleichgesetzt.
In der Verliebtheit beziehe ich in der Regel den Partner
eher auf mich als mich auf den Partner. Es geht weniger um
Hingabe an den Partner als um Einverleibung des Partners
in das eigene Ich. Die Liebe ist deshalb so faszinierend,
weil ich mich durch den anderen so aufgewertet fühle, nicht
weil ich so an ihn hingegeben bin. Wieder erkennen wir darin unschwer die symbiotische Liebe des kleinen Kindes zu
den Eltern: Das Kind ist ihnen in so tiefer Liebe zugetan,
weil es sie fundamental zum eigenen Überleben braucht.
Mit Recht setzt das Kind selbstverständlich voraus, dass es

in dieser Liebe der Eltern nur ganz um es, das Kind, geht. Das wird in der Verliebtheit wiederbelebt, denn auch der Verliebte glaubt, dass es in dieser Liebe nur ganz um ihn geht.

Wenn diese Erfahrung als Anspruch auf die ganze Partnerbeziehung ausgedehnt wird, führt dies recht schnell in die Krise. Denn der Anspruch auf Selbstverwirklichung in diesem Sinn gerät bald mit den Interessen des Partners in Konflikt. Eine starke Enttäuschung muss sich einstellen, wenn klar wird, dass der andere auch seine Grenzen, Unsicherheiten, Selbstzweifel hat, wenn er dieselbe Ich-Erweiterung durch mich sucht und von mir erwartet, meinerseits seiner Selbstverwirklichung zu dienen. Sie erwartet, dass er für sie da ist, und er erwartet, dass sie für ihn da ist, und beide sind enttäuscht, dass der andere dazu nicht bereit ist. Der, von dessen Liebe man am meisten Lebenserweiterung erwartet hat, wird zur unmittelbarsten Einschränkung, ja Behinderung des eigenen Selbst. Dadurch bekommen die Partner das Gefühl, sich zu verlieren, statt sich zu gewinnen, und je mehr sie sich auf die Beziehung einlassen, umso mehr geht es um den anderen und immer weniger um sie selbst.

In den vergangenen Generationen haben sie außerdem die passenden abschreckenden Vorbilder: Sie kennen die Mütter, die ganz im Dienst für Mann und Kinder aufgegangen sind und sich dabei verloren haben, und die Väter, die immer nur gearbeitet, in der Familie aber ein Schattendasein am Rande gespielt haben. Diese »Liebe des Dienens und Funktionierens« wollen sie gerade nicht haben, denn sie verdient ihrer Meinung nach den Namen Liebe nicht. So wollen sie nicht untergebuttert werden.

Aus dieser Erwartung entsteht eine Dynamik, die meist auf ein Beziehungsmuster endlosen Streits hinausläuft. Derjenige Partner, der es als Erster merkt, dass er in seiner

Selbstverwirklichung zu kurz kommt – oft sind das heute die Frauen –, beginnt, seine Bedürfnisse lauthals anzumelden und darum zu kämpfen. Dadurch fühlt der andere sich bedroht, weil ihm scheinbar etwas weggenommen wird, und er beantwortet diese Attacken mit Selbstverteidigung und Gegenvorwürfen: »Nein, nicht ich bin zu keinem Gespräch mehr bereit, das ist nur eine Gegenreaktion auf dich, weil du nicht mehr bereit bist, die einfachsten Dinge für mich zu tun!« Jeder beginnt, sein Ich dem anderen entgegenzusetzen, um zu erreichen, dass der andere sich wieder darum kümmert. Jeder beginnt genau zu prüfen, ob das, was der andere will, auch noch »mit mir und meinen Bedürfnissen übereinstimmt«. Die »Tyrannei der Authentizität«[11] hat das eine Sozialpsychologin genannt, weil eine neue moralische Forderung daraus wird. Denn »wenn es mit mir nicht stimmig ist«, dann »darf« ich gar nicht nachgeben, dann »muss« ich mich verweigern, gemäß den Worten von Fritz Perls, dem Begründer der Gestalttherapie: »Ich bin ich, und du bist du. Ich gehe meinen Weg, und du gehst deinen Weg. Ich bin nicht auf dieser Welt, um so zu sein, wie du mich haben willst. Und du bist nicht auf der Welt, um so zu sein, wie ich dich haben will.«[12] Ein solches Verhalten aber gibt dem anderen nur wieder Gelegenheit, ihm vorzuhalten, wo überall er sich nur noch um sich kümmert und mich nicht mehr berücksichtigt.

Diese Dynamik ist gerade bei jungen Paaren häufig. Partnerbeziehung und Selbstverwirklichung geraten hier in einen offenen Gegensatz. Die Paarbeziehung wird zum Feind des Ich und die Dauerbeziehung zum Dauerstreit. In diesem Streit geht es zwar um alle möglichen Themen, aber im Grunde immer nur um ein Anliegen: »Du sollst mir wieder so viel Anerkennung geben wie am Anfang!« Der Streit ist der Versuch, den anderen in eine Art Vater-/Mutterrolle zu zwingen, denn nur Eltern können ihr Kind so anerkennen, wie es hier vom Partner verlangt wird. Dies führt zu Eskalationen, die meist nur durch Abbruch beendet werden können, um am nächsten Tag mit einem anderen oder demselben Thema wieder von neuem aufzuflammen.

In Streitbeziehungen geht es also nicht so sehr um die Macht, wie in der Literatur oft beschrieben wird. Die Macht, den anderen zu bestimmen, dient nur dem Anliegen, den anderen dazu zu bringen, wieder ganz für mich da zu sein, ganz meiner Verwirklichung zu dienen. Wenn man hinter den Waffenlärm horcht und hinter die Rüstung sieht, wirken Streitpaare meist wie kleine, hilflose und verlassene Kinder, die nach einer Mutter schreien, der sie, weil sie sich verweigert, mit allen Mitteln, auch mit Gewalt, die Zuwendung abzwingen wollen.

Paare, die an der Idee festhalten, die Paarbeziehung müsste ihnen ihre Selbstverwirklichung ermöglichen, enden also meist in nicht enden wollenden Streits, die auf die Dauer eine sehr negative Wirkung haben, weil auf diese Weise jede Kooperation auf der Strecke bleibt, denn diese hat zur Bedingung, dass man bereit ist, sich dem anderen auch mal anzuschließen. Es ist dabei völlig sinnlos, das Sachthema des Streits anzugehen und auf Einigung in diesem oder jenem Punkt hinzuarbeiten. Der Inhalt des Streits ist meist nur ein Vorwand für den Kampf und die Anerkennung des eigenen Selbstverwirklichungsbedürfnisses.

Wie steht es aber nun eigentlich mit Partnerliebe und Selbstverwirklichung? Zweifellos hat beides miteinander zu tun. In der Liebe findet das Ich seine Erfüllung, seine Verwirklichung. Aber auf welche Weise? Hier stoßen wir auf ein Grundparadox menschlicher Existenz. Der Mensch findet seine höchste Entfaltung nur in der Selbst-Hingabe. Wer ängstlich an sich selber festhält, geht sich selber am radikalsten verloren. Wer sich selbst hingibt, findet zu seiner Fülle. Das erleben wir schon in ganz einfachen Zusammenhängen: Wenn ich in einer Sache so sehr aufgehe, dass ich mich ganz vergesse, bin ich – so stelle ich erstaunt hinterher fest – am glücklichsten gewesen. Wenn ich von etwas fasziniert bin, zum Beispiel einem Kunstwerk, dann bin ich ganz »bei der Sache«, bin wie »außer mir« und stelle dennoch fest, dass ich gerade dadurch am meisten bei mir gewesen bin und in meinem Selbst am meisten »wirklich« war.[13] Ebenso erlebe ich mich in der Liebe in meinen besten Möglichkeiten, wenn es mir geschenkt ist, selbstvergessen einfach zu geben und ganz beim anderen zu sein. Solche Momente erleben wir als die größte Gnade.

Liebe kommt dann zu ihrer Reife und wird dann im Tiefsten zur Selbstverwirklichung, wenn ich in ihr ganz von mir gelassen habe und ganz beim anderen bin. Die Bewegung des Verliebtheitserlebnisses wird also geradezu umgekehrt: Der andere wird nicht mehr auf mich bezogen, sondern ich beziehe mich bedingungslos auf den anderen. Vielleicht hat Bertholt Brecht das gemeint, wenn er dichtete:

Ich will mit dem gehen, den ich liebe.
Ich will nicht ausrechnen, was es kostet.
Ich will nicht nachdenken, ob es gut ist.
Ich will nicht wissen, ob er mich liebt.
Ich will mit ihm gehen, den ich liebe.[14]

Liebe und Selbstverwirklichung haben viel miteinander zu tun, denn letztlich verwirklichen wir uns nur in der Liebe, aber diese kostet uns die Selbst-Hingabe.

Die Bewegung ganz von mir weg, ganz auf den anderen hin ist aber wiederum etwas, was nicht einfach da ist, sondern eingeübt werden muss in einem langen »Übungs-Prozess«. Am Anfang – im Liebeserlebnis – wird mir beides manchmal »frei Haus« geliefert: Hingabe *und* Selbstverwirklichung. Aber ich muss – von neuem ist es zu wiederholen – diesen Anfang aufgeben, um allmählich zu verstehen, wie beides »wirklich« zusammengehört. Ich muss zunächst lernen, dass Hingabe nicht mit Selbst-Aufgabe gleichgesetzt werden darf, wie wir das oft bei unseren Vätern und Müttern erlebt haben und wie das in der symbiotischen Verschmelzungsbeziehung geschieht, die ich im letzten Kapitel besprochen habe. Hingabe ist nicht Unterwerfung, Funktionalisierung, Selbstentfremdung. Um diesem Missverständnis nicht zu erliegen, braucht es ein starkes Ich. Um mich hingeben zu können, muss ich mich erst selbst besitzen. Deshalb ist die Arbeit am eigenen Individuum, die Abgrenzung, das »Nein *in* der Liebe«,[15] von dem wir gesprochen haben, so unaufgebbar wichtig. Wo ich die Tendenz habe, mich »zu unterwerfen«, muss ich mich abzugrenzen lernen, um ein starkes Ich zu entwickeln. Dies ist eine Abgrenzung um der Liebe willen, denn nicht als Sklave, nur als Freier kann ich mich hingeben. Gerade wenn ich in der Beziehung die Erfahrung mache, dass der andere nicht immer für mich da ist, kann diese Enttäuschung der erste Anlass werden, der diesen Prozess in Gang setzt. Wenn meine Frau aus irgendwelchen Gründen mir das Abendessen nicht auf den Tisch gestellt hat, wenn ich heimkomme, kann ich es, statt ihr Vorwürfe zu machen, selber zubereiten und dadurch ein Stück Autonomie gewinnen. Oder wenn mein Mann zu müde ist, um am Abend mit mir ein persönliches Gespräch zu führen, kann ich, statt ihm Vorwürfe zu machen, eigene Kontakte aufbauen und mit anderen Menschen meine Sorgen und Nöte besprechen und damit ein Stück Autonomie gewinnen. Da, wo die Grenzen des Partners deutlich werden, mir zu meiner Selbstverwirklichung zu verhelfen, kann ich das zum Anlass nehmen, selbst dafür Verantwortung zu übernehmen. Dies schafft Distanz, aber eine, die Voraussetzung jeder Hingabe ist.

Das Üben der Abgrenzung und der Sorge um die eigenen individuellen Bedürfnisse ist das eine. Aber allein reicht es nicht aus. Wenn ich mich darauf allein konzentriere, werde ich entweder doch irgendwann in das geschilderte Streitmuster hineingeraten, oder ich werde auf die Dauer den anderen aus den Augen verlieren, und mein Weg wird mich anderswo hinführen.

Das andere, das es außerdem braucht, ist das Einüben der eigentlichen Hingabe. »Hingabe« ist ein großes Wort. Es mit »einüben« in Verbindung zu bringen erscheint als unangemessen. Was ist aber konkret damit gemeint? Es geht vor allem um zwei Dinge:

1. Menschen, die von der Liebe des anderen ihre Selbstverwirklichung erwarten, sehen den anderen als anderen gar nicht. Dies trifft auch dann noch zu, wenn sie die Phase der Verliebtheit schon längst hinter sich haben und sich – in der Widerstandsphase – in das geschilderte Streitmuster verwickelt haben. Der andere wird dann immer noch eigentlich als Teil meiner selbst gesehen, dem ich kein Eigenleben zubillige, darum streite ich mich ja mit ihm. Paare, die im Liebe-Selbstverwirklichungs-Streit verwickelt sind, sehen sich gegenseitig in ihrer Individualität nicht. Jeder von beiden ist in sein eigenes Ich verstrickt. Einen ersten Schritt als Voraussetzung zu einer möglichen Hingabe kann es darum bedeuten, den anderen überhaupt erst als anderen in den Blick zu bekommen. Paaren, bei denen ich feststelle, dass einer den anderen nur auf sich bezieht, gebe ich manchmal folgende Aufgabe: Sie sollen einmal in der Woche ein Gespräch mitei-

nander führen, das nach strengen Regeln abläuft. Der eine erzählt von sich, der andere hört nur zu. Der eine ist sozusagen Gastgeber, er lädt den anderen zu sich ein und »zeigt ihm seine Welt«. Der andere ist nur Gast, hört zu und sieht sich diese Welt mal an. Höchstens Nachfragen sind erlaubt, aber kein »In-Frage-Stellen«, keine Erwiderung, kein Einwand. Das nächste Mal führen die beiden das Gespräch mit vertauschten Rollen. Wird diese Übung so durchgeführt, kann dies ganz erstaunliche Wirkungen haben. Zum ersten Mal merken die beiden, dass sie wirklich zwei verschiedene Wesen sind, und manchmal sagen sie: »Ich habe nicht gedacht, dass du so verschieden von mir bist.« So kann es sein, dass sie sich auf diesem Wege ganz neu kennenlernen. Vielleicht gewinnen sie zum ersten Mal in ihrem Leben ein wirkliches Interesse am anderen als *anderem*. Bisher haben sie ihn ja immer nur bezogen auf sich selbst gesehen, nicht als ein eigenständiges Wesen. Hingabe einüben besteht also zunächst darin, Aufmerksamkeit für das Anders-Sein des anderen zu erwerben und von den eigenen Vorstellungen und Wünschen einen Augenblick lang wenigstens absehen zu können.

2. Der zweite Schritt, Hingabe zu üben, ist dann, sich vom anderen in seine Welt *hineinführen* zu lassen. Konkret lasse ich Paare dies folgendermaßen üben: Jeder bekommt die Aufgabe, im Laufe der Woche einmal eine Initiative für eine gemeinsame, möglichst lustvolle Unternehmung zu ergreifen, zu einem gemeinsamen Kinobesuch oder einem gemeinsamen Essen und Ähnlichem. Der andere wird aufgefordert, sich dieser Initiative anzuschließen, ohne Einwände zu erheben. Er soll einfach mitmachen, was der andere vorschlägt, und er soll so mitmachen, wie er weiß oder es ihm der andere sagt, dass er

es sich von ihm wünscht. Diese Übung fördert zunächst ebenfalls die nötige Aufmerksamkeit auf den anderen. Denn bemerke ich überhaupt, wann mein Partner seine Initiative startet? Manchmal ist es schon vorgekommen, dass es glatt übersehen wurde! Dann geht es aber vor allem auch darum, eine zwanghafte »Selbstbehauptung« aufzugeben und sich – probeweise sozusagen – dem anderen anzuschließen und sich an einem konkreten Punkt in seine Welt »hineinnehmen« zu lassen. Ich probiere mal aus, was passiert, wenn ich einfach »mitmache«. Ich habe selbst bei derartigen Versuchen von »Selbstaufgabe« schon viel Schönes erlebt. Ich bin zwar im Moment »über mich weggegangen«. Aber es hat keineswegs zum Ich-Verlust geführt. Im Gegenteil: Im »Mich-Einlassen« auf die Initiative des anderen haben sich die Grenzen meines Ichs erweitert, habe ich Spaß und Freude erlebt, um die ich mich mit verbissener »Authentizität« glatt gebracht hätte. Manche Paare machen dabei eine fundamentale neue Erfahrung: Ich verliere mich nicht, im Gegenteil, ich gewinne. Obwohl ich mich dem Partner »zur Verfügung« stelle – welch grässliche Vorstellung für Selbstverwirklichungs-Paare! –, bringt es mir Freude und Glück! Selbstverwirklichung durch Selbstaufgabe – wer hätte das gedacht! So soll die Übung den Kreislauf des Zwangs, sich gegenseitig zu behaupten, durchbrechen. Sie soll die Erfahrung nahebringen, dass ich mich von den engen Grenzen meines Ichs befreien kann, wenn ich mich auf die Welt des andern einlasse.

Natürlich kann Hingabe auch in weniger strukturierter Form und in vielen Variationen ausgeführt werden. Es kommt nur darauf an, bewusst zu üben und, statt um meiner Selbstverwirklichung willen *gegen* die Bewegung des anderen zu gehen, mich in diese Bewegung hineinzugeben. Dies kann auch dadurch geschehen, dass sich die Partner bewusst vornehmen, Zustimmung zum anderen deutlich zum Ausdruck zu bringen. Statt nichts zu sagen (schwäbisch: »Wenn i nix sag, isch's recht!«), sage ich laut und deutlich: »Ja, da hast du recht!«, »Ja, ich stimme dir darin zu!«. Solche kleinen Sprachwendungen, bewusst eingesetzt, durchbrechen den Kreislauf des zwanghaften »Ich gegen Ich« und haben oft geradezu wundersame Wirkungen auf die Entspannung einer Streitbeziehung.

Die Übung kann auch darin bestehen, dass einer von beiden bewusst in eine »untere Position« geht. Damit ist gemeint, dass er übt, den anderen mal um etwas zu bitten, ihn mal um einen Rat zu fragen und so weiter. Damit lasse ich den anderen in eine führende Rolle, in eine Geberposition und wähle für mich die Position dessen, der sich anschließt und entgegennimmt. Das ist die Methode der »einseitigen Abrüstung« in Paarbeziehungen. Damit ist der Kampf durchbrochen, der andere bekommt von mir Anerkennung, nach der er so sehr verlangt, und ein positiver Kreislauf kann in Gang kommen.

Oft wird hier – natürlich wieder aus der »Authentizitäts-Ecke« – der Vorwurf erhoben, bei solchem Verhalten handle es sich um »Tricks«. Natürlich können solche Vorschläge manipulativ eingesetzt werden. Auf etwas bewusst zu achten und es einzusetzen, wo es konstruktiv ist, ist jedoch kein Trick. Es ist bei weitem nicht alles schon deshalb gut, weil es »spontan«, und deshalb schlecht, weil es wohlüberlegt ist. »Aus dem Bauch« kann auch viel Mist kommen, und der Kopf kann manchmal sehr segensreiche Wirkungen erzielen. Wir wissen alle, dass wir spontan auch sehr viel Destruktives machen, weil spontan eben auch alles Destruktive einrastet, das wir aus unserer Geschichte mit uns schleppen. Darum ist ein Unterbrechen der Spontaneität in diesem Fall keineswegs destruktiv. Bewusst in die »untere Position« zu gehen kann vielmehr die ersehnte Entspannung einleiten.

Wenn Paare solche kleinen Schritte gemacht haben, bekommen sie dann vielleicht Mut, auch Riskanteres zu üben und vielleicht sogar über den eigenen Schatten zu springen. Der Mann, der sich bisher mit Händen und Füßen gesträubt hat, einen Tanzkurs mitzumachen, entschließt sich vielleicht dazu. Und siehe da: Nach einiger Zeit beginnt es ihm Spaß zu machen. Am Ende hat er eine neue Welt, ein Stück Welt, das bisher nur seine Frau kannte, für sich dazugewonnen. Und die Frau, die nie Lust hat, mit ihm zu schlafen, lässt sich probeweise trotzdem mal auf die Werbung ihres Mannes ein. Und siehe da: Nach einiger Zeit regt sich auch in ihr etwas, und es wird ein ausgesprochen sinnlich-lustvoller Abend. Sie hat sich auf die Welt des Mannes eingelassen und findet sich bereichert und beglückt.

Es ist also nötig, nicht nur »auf sich zu achten« und darauf, ob es »für mich stimmt«. Wenn ich nur diese Seite übe, kann es sein, dass ich mich ganz und gar in mich verstricke. Darum ist es sinnvoll, sich mit Behutsamkeit und wachen Sinnen, aber durchaus auch risiko- und experimentierfreudig auf das einzulassen, was für den anderen stimmt.

So übt man Hingabe und entdeckt, dass darin Selbstverwirklichung liegt.

Freilich sind dies keine Patentrezepte. Solche »Übungen« können mich auch erkennen lassen, dass ich tatsächlich in der Welt des anderen nichts verloren habe. Ich kann durch sie Hingabe nicht erzeugen oder erzwingen. Es kann sich gerade auch herausstellen, wie fremd mir in Wahrheit der andere ist, dass unsere Verliebtheit auf einem Missverständnis beruhte und dass es besser ist für uns, wenn wir getrennte Wege gehen. Hingabe ist nicht machbar, sie wird letztlich nur gelingen, wenn es uns geschenkt ist. Allerdings können solche Übungen die Barrieren, die einer vor dem anderen unnötigerweise aufgerichtet hat, überwinden.

Auch am Ende dieses Kapitels »Liebe und Selbstverwirklichung« müssen wir sagen: Was uns am Anfang einer Liebesbeziehung ohne unser Zutun als geschenkt erscheint, nämlich die Erfahrung einer strahlenden Selbstverwirklichung, ist nicht schon ihre Realität, sondern Vorausahnung, Vision. Wir müssen dieses unser Selbst erst wieder zu verlieren lernen, um es dann wirklich zu gewinnen.

Kapitel 4

Du bist mein Ein und Alles
Liebe als Totalanspruch

In allem, was ich bis jetzt über die Partnerliebe gesagt habe, hält sich noch eine weitere Idee verborgen, die in ihrer Wirkung destruktiv ist, nämlich die Idee, der Liebespartner müsste meinem gesamten Beziehungsbedürfnis genügen, und das für immer. Auch diese Idee führt uns ein weiteres Mal zur Erfahrung der Verliebtheit zurück. Verliebte genügen sich selbst, schließen sich von allen anderen ab, wollen nur miteinander sein, und das ist gut und in Ordnung so. Dieses »Sich-Genügen« wird aber von vielen über die Phase der Verliebtheit hinaus als Anspruch festgehalten. Dies hat auch geschichtliche und gesellschaftliche Gründe.

Abgesehen davon, dass in früheren Zeiten der Partnerliebe überhaupt kein Eigengewicht und keine eigene Bedeutung zugebilligt wurde, war sie in vielfältiger Weise in andere Bezüge eingebunden, in erster Linie in die Großfamilie, in deren Schoß das Paar mit seinen Kindern lebte. Darüber hinaus gab es die Verbundenheit mit der weiteren

Verwandtschaft, mit der Nachbarschaft, mit der Kirchen-
bzw. Dorfgemeinde. Diese Bindungen boten zahlreiche Beziehungsmöglichkeiten neben der und über die Beziehung
zum Ehepartner hinaus. Diese hatte keine zentrale Bedeutung für den emotionalen Haushalt der Menschen. Die Beziehungen zu den Blutsverwandten waren oft die wichtigsten, niemand fand etwas dabei.

Heute dagegen geraten wir dem generellen Trend nach
in das andere Extrem. Viele Paare sind aus ihrem Wurzel-
boden herausgerissen. Sie leben weitab von ihren Herkunfts-
familien und ihrer Verwandtschaft, und auch wenn dies
nicht der Fall ist, sind die jungen Leute, die sich als Paare
zusammentun, meist nicht mehr so fraglos ihren Eltern verbunden wie in früheren Zeiten. Der Konflikt der Generationen ist heftig und zieht tiefe Gräben zwischen dem Paar
und der Verwandtschaft.

Durch die hohe, beruflich bedingte Mobilität junger Familien bleibt auch die Nachbarschaft fremd. Denn die
relativ kurzen Zeiten, die man an ein und demselben Ort
verbringt, überfordern oft die Kontaktfähigkeit und den
Kontaktwillen des Paares. Die Arbeitskollegen sind tatsäch-
liche oder mutmaßliche Konkurrenten, mit denen man sich
lieber nicht zu nahe einlässt. Man ist sich seiner Stellung
unsicher und verschanzt sich hinter glatten Fassaden und
konventionellen Verhaltens-Klischees. Dazu herrscht ein
generelles Klima der Unpersönlichkeit, sowohl im Wohnge-
biet, wo die Frauen sich mit allgemeinen Floskeln über
Haushalt und Kindererziehung gegenseitig auf Distanz halten, als auch in den Betrieben, wo sich ein Kommunikati-
onsstil verkrampfter »Sachlichkeit« oder derber Blödelei
und leeren Imponiergehabes eingespielt hat, der den Einzelnen als Person leer ausgehen lässt. Nur zu oft wird die Atmosphäre von Neid, Missgunst und Konkurrenzangst be-

stimmt. Das führt zu einer Ausdünnung des zwischenmenschlichen Klimas auf reine »Sach«-Beziehungen, die den Menschen hungrig und durstig nach Wärme und Geborgenheit zurücklassen. Das hat natürlich Folgen für das Zusammenleben des Paares. Das gesamte Bedürfnis nach echter Beziehung richtet sich auf den einen, einzigen Partner. Von ihm wird erwartet, dass er das Loch, das tagsüber entstanden ist, am Abend, wenn man sich wieder trifft, nun endlich auffüllt.

Dabei geht es den Männern meist um mütterlich-warmes Versorgt-Werden und im Bett um Sexualität (und die ist oft nur eine andere Form mütterlichen Versorgt-Werdens), und den Frauen geht es um gefühlvolles, nahes Gespräch und »absichtslose« Zärtlichkeit. Jeder will vom anderen etwas, was ihm eher schwerfällt, und überhaupt fühlen sich beide gar nicht in der Lage, etwas zu geben, weil sie selber so bedürftig sind und lieber nehmen als geben wollen. So stehen sie mit leeren Händen voreinander, und jeder erwartet, dass er sie vom anderen gefüllt bekommt. Das Paar-Muster »Zwei hungrige Kinder« spielt sich ein.

Die gegenseitige Bedürftigkeit zehrt die Beziehung aus. Man beginnt, einander Vorwürfe zu machen: »Du redest nie mit mir«, oder: »Du verweigerst dich mir«, oder: »Immer dieses ewige Gequassel und Problematisieren von allem und jedem«, oder: »Du willst ja immer nur das eine!« So kann es geschehen, dass hinter der tadellos aufrechterhaltenen Fassade ein grausamer Kampf zu toben beginnt, der die letzten emotionalen Reserven verbraucht.

Es bieten sich für die meisten zwei Auswege an: Der eine ist, zu resignieren. Die in der Paarbeziehung erhoffte Oase der Menschlichkeit versteppt und wird genauso grau und öd wie die Beziehungslandschaft ringsum. Deshalb konzentriert man sich auf die Arbeit und die Pflicht, man verdrängt die Bedürfnisse nach Nähe oder kompensiert sie mit Ersatz-befriedigung, zum Beispiel durch Essen und Trinken, Fernsehen, Einkäufe und dergleichen mehr.

Der andere Ausweg: Man schafft sich andere intime Beziehungen, die Frauen oft zu einem Kind, das dann ein geheimer Ersatzpartner wird, ein Vertrauter, der das Bedürfnis nach Wärme und Nähe der Mutter stillt. Oder man geht eine Außenbeziehung ein, dies häufig auf Seiten der Männer, in letzter Zeit aber in steigender Zahl auch auf Seiten der Frauen. Das Destruktive daran ist der dabei mitgelieferte Vorwurf: »Weil du nicht (mit mir sprichst/mit mir schläfst), muss ich ja …« Damit wird die Beziehung zu einem Dritten gegen die Beziehung zum Partner gelebt, was den letzten Rest an Intimität zerstört.

Meiner Erfahrung nach ist meist nicht oberflächlicher Leichtsinn für die vielen Außen-, Neben- und Dreiecksbeziehungen heute verantwortlich, sondern gerade jener überzogene Totalanspruch auf den Partner, der, weil unerfüllbar, nach Kompensation anderswo verlangt.

Der Totalanspruch auf den Partner ist eine Überforderung und schlägt – wie das bei allen totalitären Ansprüchen der Fall ist – in sein Gegenteil um. Aus dem »Alles« wird dann ein »Nichts«. Weil die Partner alles voneinander gewollt haben, bekommen sie nichts mehr voneinander.

Meist gelingt zudem die Kompensation durch den »Dritten« nicht. Kinder sind nun einmal keine Partner, und so bleiben die Eltern, die diese in ihnen suchen, letztlich mit ihren Bedürfnissen allein, abgesehen davon, dass die Kinder durch solche »Parentifizierung« schweren Schaden erleiden. Und die Beziehung zum/zur Geliebten bewegt sich meist in einem ausgegrenzten und darum auf die Dauer immer unwirklicher werdenden Raum, wodurch sie für die Beteiligten sehr oft mehr zu einer Plage als zur Befriedigung wird.

Wir müssen uns deutlich machen, dass es keinen einzelnen Partner gibt, der unser gesamtes Bedürfnis nach Wärme, Geborgenheit und Zuwendung erfüllen kann. Wie wir immer wieder gesehen haben: Das Verliebtheitserlebnis kann, auf die Länge einer Dauerbeziehung übertragen, auch in diesem Punkt nicht festgehalten werden. Unser Bedürfnis nach Beziehung geht weit über das hinaus, was ein Einzelner stillen kann.

Was ist daraus die Folgerung? Dass wir eben verzichten, dass wir uns bescheiden müssen? Ich möchte diese Konsequenz nicht zu schnell ziehen. Da, wo der Verzicht seinen Platz hat, werde ich darauf zurückkommen. Die nächstliegende Folgerung aber ist: Es kommt darauf an, die Partnerbeziehung wieder in ein Netz anderer persönlicher Beziehungen einzubetten. Da ein solches Beziehungsnetz nicht einfach vorhanden ist wie früher, bedeutet das, dass Energie, Zeit und Mühe darauf verwendet werden müssen. Auch bezüglich solcher Beziehungen gilt: Sie passieren nicht von selber, und auch wenn man es nicht völlig in der Hand hat, dass sie entstehen und lebendig bleiben, kann man doch eine Menge dazutun.

Die Paarbeziehung kann nicht die einzige Quelle von Zuwendung sein. Jeder der beiden Partner braucht andere Quellen, aus denen er zusätzlich schöpfen kann. Es lohnt sich, darüber nachzudenken, in welche Art von Beziehungen ein Paar eingebettet sein soll, damit es sich nicht durch das »Hungrige-Kinder-Syndrom« mit Beziehungsansprüchen gegenseitig überfordert. Es geht dabei um »elterliche«, und es geht um freundschaftliche Beziehungen.

Viele Paare überfordern sich dadurch, dass sie meinen, alles selber machen zu müssen. Beide sind berufstätig, haben Kinder, ein Haus mit Garten und nebenberufliche Engagements. Sie meinen, das alles müsste von ihnen zu schaffen sein, und dabei müssten sie auch noch ein gutes, liebevolles Paar bleiben können. Solche Paare brauchen jemanden, der elterliche, fürsorgliche Funktionen für sie übernimmt. Das könnten natürlich durchaus auch die eigenen alten Eltern sein, wenn sie am Ort, bereit und in der Lage dazu sind. Dies würde dann die Herausforderung an das Paar bedeuten, die Beziehung zu ihnen so weit in Ordnung zu bringen, dass sie die Eltern so nahe in ihren Lebensbereich hineinlassen können. Es kann sich dabei aber auch um »Ersatz-Omas« und (warum eigentlich nicht?) »Ersatz-Opas« handeln. Hier wäre ein weites Feld, auf dem ältere Menschen einen neuen Lebensinhalt bekommen könnten. Es geht nämlich – und das ist hier zentral! – nicht um bloße »Haus-Angestellte«, nicht um ein bloßes Arbeitsverhältnis. Es geht nicht nur um jemanden, der das Haus aufräumt und die Wäsche besorgt, obwohl auch damit schon viel geholfen ist. Es geht um mehr. Es geht darum, dass die beiden jemanden finden, der ein wenig Verantwortung und Fürsorge für sie übernimmt, nicht nur für das Kind, sondern auch für sie, das Paar, und darum eine Quelle von Sicherheit und Geborgenheit wird, aus der sie schöpfen können, um wieder mehr füreinander da sein zu können. So jemanden zu finden ist durchaus nicht einfach, aber keineswegs unmöglich. Unmöglich wird es dann, wenn das Paar es für unmöglich hält oder wenn es zu stolz dafür ist oder zu große Hemmungen hat, zu einem Außenstehenden eine solche Beziehung aufzubauen.

Natürlich wird die persönliche Komponente dieser Beziehung ihre Grenzen haben, und es ist wichtig, diese Grenze klar zu ziehen. Das heißt aber nicht, dass diese Art »Ersatz-Elternschaft« von vornherein auszuschließen wäre. Ich begegne vielen Paaren, die auf mich wirken wie Hänsel und Gretel, die sich im Wald verirrt haben. Wenn sie nicht in allen Mutterfiguren böse Stiefmütter oder Hexen sehen würden, die Ansprüche stellen, würden sie irgendwann eine mütterliche Frau finden, die sich ihrer annähme. Das täte ihnen unendlich gut, und sie würden dadurch in den Stand gesetzt, auch einander wieder mehr Stütze zu sein und Geborgenheit beieinander zu finden.

Noch zentraler aber ist für Paare der Aufbau eines Netzes freundschaftlicher Beziehungen, die natürlich in Teilaspekten auch »elterliche« Funktionen übernehmen können und die besprochenen »Ersatzeltern« vielleicht sogar überflüssig machen würden.

Zunächst scheint mir hier der Aufbau von freundschaftlichen Beziehungen von Paar zu Paar wichtig. Sie ermöglichen einen praktischen, geistigen und emotionalen Austausch auf der Paarebene, der vielfältige Hilfe, Unterstützung und Anregung bedeuten kann. Nach einer arbeitsreichen Woche bei einem befreundeten Paar zu einem schönen Essen eingeladen zu sein oder einen gemeinsamen Ausflug zu machen, das kann eine wunderbare Zeit des gemeinsamen Auftankens werden, was dann wiederum der eigenen Paarbeziehung zugute kommt. Natürlich beruhen solche Freundschaften auf Gegenseitigkeit, damit sie lebensfähig bleiben. Es muss ein wechselseitiges Geben und Nehmen werden. Damit sie außerdem nicht bald leer werden und man ihrer überdrüssig wird, müssen die Beteiligten immer wieder den Mut aufbringen, die Ebene konventioneller Oberflächlichkeit zu durchstoßen und auf die persönliche Ebene vorzudringen, sei es durch persönliche – und vielleicht Tabus berührende – Fragen, sei es durch ehrliche Aussagen und Berichte über das eigene Innenleben. Viele Menschen können weder persönliche »Selbstaussagen« machen noch interessierte persönliche Fragen an andere stellen. Der Aufbau von Freundschaften bedeutet eine starke Herausforderung an unsere kommunikative Kompetenz. Wird sie angenommen und bewältigt, hat das schon manchem Paar über eine gefährliche Krise hinweggeholfen, ihm eine teure Therapie erspart und Zeiten der Not durchstehen lassen.

Über die Pflege freundschaftlicher Beziehungen unter Paaren hinaus ist es aber auch wichtig, dass jeder der beiden Partner einzeln Freunde und Freundinnen hat, die nicht in gleicher Weise Freunde/Freundinnen des anderen Partners sind. Diese Art individueller Kontaktpflege ist etwas spezifisch anderes als eine Freundschaft von Paar zu Paar. Hier kommt wieder die Individualität zum Tragen, der Unterschied zwischen »dir« und »mir«. Ich habe meine Freunde und du hast deine Freunde. Darin wird eben deutlich, dass wir uns gegenseitig nicht alles sein können, und das ist durchaus in Ordnung so. In anderen Kontakten werden andere Seiten von mir angesprochen, die in unserer Partnerschaft nicht berührt sind. Darum stärken sie meine Individualität und betonen meine und deine Einzigartigkeit. Wir haben davon gesprochen, wie wichtig das für die Entwicklung einer reifen Partnerliebe ist. Jede dieser individuellen Freundschaften ist eine Quelle individuellen Reichtums und individueller Lebensqualität. Darum kommen sie auch dem Partner zugute, weil ich dort bekomme, was ich hier wieder weitergeben kann.

Wenn von individuellen freundschaftlichen Beziehungen der Partner die Rede ist, sind damit sowohl gleich- wie gegengeschlechtliche Beziehungen gemeint. Der Mann soll Freunde *und* Freundinnen und die Frau Freundinnen *und* Freunde haben. Bei den gegengeschlechtlichen Freundschaften berühren wir allerdings eine Tabuzone. Dabei meine ich, dass – genau besehen – der Unterschied zwischen gleich- und gegengeschlechtlichen Freundschaften nicht so immens groß ist, wie es die Tabuisierung gegengeschlechtlicher Freundschaften nahelegt. Denn jeder weiß, dass Beziehungen zwischen Mann und Frau wie auch gleichgeschlechtliche Beziehungen sehr unterschiedliche Qualitäten haben können. Es gibt kollegiale Beziehungen zwischen Männern und Frauen, bei denen das erotische Moment kaum eine Rolle spielt, und es gibt Beziehungen von Mann zu Mann und von Frau zu Frau, die erotisch hoch brisant sind. Die erotische Spannung gibt es nicht bloß zwischen Mann und Frau, weil Männer auch weibliche und Frauen auch männliche Anteile haben, die in Beziehungen gleichgeschlechtlicher wie gegengeschlechtlicher Art unterschiedlich angesprochen werden können. So kann die Beziehung zu einer Frau in mir als Mann lediglich ein ruhiges Gefühl von Verlässlichkeit und Kameradschaft auslösen, während die Beziehung zu einem Mann in mir wilde Verschmelzungssehnsüchte wachruft.

Gegengeschlechtliche Beziehungen sind also nicht von vornherein »verdächtig«, wie auch gleichgeschlechtliche Beziehungen nicht von vornherein »harmlos« sind. Unter Voraussetzung dieses Vorbehalts ist freilich zu sagen, dass akzentmäßig und aufs Ganze gesehen natürlich Unterschiede zwischen gleich- und gegengeschlechtlichen Freundschaften bestehen. Darum betone ich ja gerade, dass Freundschaften zwischen Männern und Frauen auch von Verheirateten gepflegt werden sollen, damit sie ihre Partnerbeziehung nicht unnötig überlasten.

Wenn ich im Folgenden meistens aus der männlichen Perspektive spreche, geschieht dies, um umständliche Wiederholungen zu vermeiden. Was ich sage, meine ich aber in gleicher Weise auch für die Frauen.

Das Wertvolle an einer gleichgeschlechtlichen Freundschaft ist für mich, dass ich mich als Mann mit meinesgleichen verbinde und mich auf der Basis einer grundlegenden Gleichheit in meinen Möglichkeiten angesprochen und herausgefordert erfahre. Das gibt ein Gefühl der Stärke und Sicherheit, der Verbundenheit und Solidarität, der Verwurzelung im eigenen Geschlecht. Wenn ich in Seminaren mit Paaren gleichgeschlechtliche Gruppen zu bestimmten Themen bilden lasse, ist nachher die einhellige Reaktion ein Seufzer der Erleichterung: »Ach, hat das gutgetan, sich als Mann unter Männern/als Frau unter Frauen einmal so richtig aussprechen zu können!«

Anders ist es – wieder akzentmäßig und aufs Ganze gesehen gesprochen – in der gegengeschlechtlichen Beziehung. Da erlebe ich mich in meiner Verschiedenheit als Mann zur Frau, in meiner Andersartigkeit und – weil es eine freundschaftliche Beziehung ist – in meiner Anziehungskraft als Mann. Hier spielt also die Verschiedenheit, und damit die erotische Anziehung, die zentrale Rolle. Darin besteht gerade der Reiz, aber auch das »Gefährliche« der gegengeschlechtlichen Freundschaft: dass ich mich hier auf der Basis meiner Verschiedenheit zur Frau in meinen spezifischen gelebten und ungelebten Möglichkeiten als Mann gesehen und akzeptiert erlebe. Natürlich stärkt dies mein Selbstbewusstsein als Mann in einer besonderen Weise. Es ist wichtig, dass ich das erfahre, weil es mich wieder »munter macht«, während ich mich an die Akzeptanz meiner Frau schon ein wenig gewöhnt habe und ein gewisser Abnutzungseffekt entstanden ist. (Dasselbe gilt, wie gesagt, umgekehrt natürlich auch von der Frau.)

Ich gehe noch einen Schritt weiter: Ich meine hier nicht nur geistige Beziehungen, ich spreche auch von körperlichen Beziehungen im Sinn von Berührung, Umarmung und Körperkontakt. Die früheren Lebensverhältnisse brachten es mit sich, dass das Leben insgesamt körperlicher war. Man hockte sich viel näher auf der Pelle, es war gar nicht zu vermeiden, sehr viel mehr Körperkontakt miteinander zu haben als heute. Die Unersättlichkeit mancher Partner in der Zweierbeziehung hat wohl auch darin ihre Wurzeln, dass sich wegen der Tabuisierung jeglichen Körperkontakts außerhalb der eigenen Ehe und Familie das gesamte Bedürfnis danach auf den Partner konzentriert. Leider ist es so, dass zärtliche Körperkontakte unter Männern in unseren Breiten stärker tabuisiert sind als außereheliche Beziehungen. Hier wäre der Aufbau einer neuen Beziehungskultur von größtem Wert. Das Gefühl von Eingebundenheit und Geborgenheit hat sehr viel mit der körperlichen Berührung, körperlichen Vertrautheit und Nähe zu tun. Eine neue körperlich betonte Beziehungskultur könnte Paare von ihrem überzogenen Totalanspruch heilen und ihnen viele Impulse und Anregungen vermitteln, die ihre Beziehung bereichern würden. Ist es denn verwerflich, wenn Körperempfindungen, die anderswo entstanden sind, mit meinem Partner ausgelebt werden?

Aber plädiere ich hier nicht für etwas, was, wie ich vorhin selber gesagt habe, ohnehin häufig geschieht und sich äußerst destruktiv auswirkt? Dass Paare sich nämlich nach außen wenden, um sich von dort zu holen, was sie von ihrem Partner nicht bekommen? Bedeutet das nicht gerade Entfremdung voneinander und Verletzung der Beziehungsgrenzen des Paares, die nicht zu verkraften sind? Nein, denn hier geht es um einen ganz anderen Zusammenhang als dort. Dort ist es die Enttäuschung bei gerade aufrechterhaltenem Totalanspruch, die den Partner außen suchen lässt (»Ich muss diese Außenbeziehung haben, weil du dich mir ja entziehst!«). Hier aber ist davon die Rede, dass beide Partner sich solche freundschaftlichen Beziehungen zu gleich- und gegengeschlechtlichen Freunden gegenseitig ausdrücklich zugestehen, weil sie wissen, dass sie einander nicht genügen, und weil sie wissen, dass sie selbst von den freundschaftlichen Beziehungen des anderen profitieren. Das ist eine völlig andere Situation. Der Mann weiß, wenn sich seine Frau mit anderen getroffen hat, ist sie froh, zufrieden, angeregt und voller neuer Ideen. Darum unterstützt er das und begleitet es mit seinem Wohlwollen. Ähnlich ist es natürlich umgekehrt. In der Regel ist es übrigens nötig, dass *beide* Partner solche Freundschaften pflegen. Sonst entsteht ein Ungleichgewicht, das zum Problem wird, weil es Neid auf den anderen hervorruft.

Aber bedeutet diese Empfehlung nicht doch eine akute Gefährdung der Paarbeziehung, vor allem, wenn sie auch den körperlichen Bereich nicht ausschließt? Wird damit nicht einer heute ohnehin grassierenden Promiskuität das Wort geredet, und muss das nicht zu einer noch größeren Instabilität heutiger Ehen führen?

Dazu ist als Erstes zu sagen: Ich will die Wichtigkeit gegengeschlechtlicher Freundschaften nicht überbetonen. Genauso wichtig sind die anderen bisher besprochenen Beziehungsformen: »Ersatzeltern«, befreundete Paare, gleichgeschlechtliche Freundschaften. Weil es aber hier um einen besonders brisanten Punkt geht, ist diese ausführliche Erörterung nötig, ohne dass dadurch die Proportionen verschoben werden sollen.

Als Zweites möchte ich sagen, was heute überhaupt von vielen Angelegenheiten der Partnerschaft gilt: Was sich die Partner gegenseitig zugestehen und wo ihre Grenzen sind, darüber müssen sie sich selber einig werden. Das besagt zweierlei: einmal, dass es keine im Einzelnen vorgegebenen Regeln gibt, »bis wohin es erlaubt ist und ab wann es verboten ist«, und zum zweiten, dass es aber sehr wohl nötig ist, sich selbst als Paar individuelle Regeln und Grenzen zu geben und ständig darüber in Kontakt zu bleiben, ob diese

Regeln und Grenzen noch stimmen und wo sie zu revidieren sind. Es ist dabei wichtig, sowohl auf die grundsätzliche Offenheit zu achten, dem anderen freundschaftliche Beziehungen zuzugestehen, als auch gleichzeitig auf die eigenen Empfindlichkeiten und Ängstlichkeiten. Sie sind zu berücksichtigen und ernst zu nehmen. Man darf nicht in einer falsch verstandenen Großzügigkeit über diese eigenen Grenzen einfach hinweggehen. Dies führt zu der schlimmen Doppelbödigkeit, der wir bei vielen progressiven Paaren begegnen: Sie gestehen sich großzügig »alles« zu, sind nach außen cool und liberal, leiden aber innen fürchterlich – und machen sich noch selbst zum Vorwurf, dass sie innerlich so »konservativ« fühlen. Es gibt hier kein »objektives« Maß, kein »fortschrittlich« und »konservativ«. Das Maß ist, was Partnern bekommt und was ihnen weh tut, und das müssen sie durch einen behutsamen und zugleich mutigen Weg über Versuch und Irrtum herausfinden und berücksichtigen.

Dass es so schwerfällt, dieses Gebiet gegengeschlechtlicher Freundschaften in der Ehe befriedigend zu regeln, hat mit einem großen Mangel an differenzierten Beziehungsmöglichkeiten zu tun. Obwohl wir gelernt haben, über viele Dinge – technische, politische, wirtschaftliche – höchst differenziert zu denken und zu urteilen, stelle ich im Beziehungsbereich oft eine völlige Undifferenziertheit fest. Hier geht es plötzlich um »alles« oder »nichts«. Wenn sich ein Mann und eine Frau gut verstehen, wenn sie sich zueinander hingezogen fühlen und es auch erotisch zwischen ihnen knistert, dann gibt es in der Vorstellung vieler nur die Möglichkeit, diese Beziehung zu leben und zum Ausdruck zu bringen, indem man miteinander ins Bett geht. Andernfalls sehen sie nur die Möglichkeit völliger Distanz voneinander. Dahinter steckt ein primitives Menschenbild, als ob es, wenn ich mich vom anderen sexuell angesprochen fühle, sein müsste, diese Sexualität mit ihm auch zu vollziehen. Dazu hat sicher wieder die Idee, dass man »authentisch« sein müsse, beigetragen. Als ob die Tatsache, dass ich einem Impuls, der sich meldet, nicht nachgebe, schon bedeuten müsste, dass ich psychologisch Krampf produziere! Wenn ich zu einer Frau/zu einem Mann eine starke erotische Anziehung spüre, heißt das noch lange nicht, dass ich diese Beziehung entweder meiden oder sie sexuell ausleben muss. Menschsein besteht ja gerade darin, dass ich meinen Impulsen nicht einfach ausgeliefert bin,[16] also entweder »die Gelegenheit meiden« oder ihr nachgeben muss. Ich kann immer noch entscheiden, wie und in welcher Form ich dieser erotischen Spannung Ausdruck verleihen will, ohne die Ausdrucksform des sexuellen Aktes wählen zu müssen. Es muss keineswegs ein Krampf sein, auf die gelebte Sexualität zu verzichten, es kann ein bewusster Schritt sein, um meines Partners und der Klarheit unserer Beziehung willen auf die vollzogene Sexualität mit dieser Freundin zu verzichten und stattdessen eine warme, herzliche, anregende und inspirierende Freundschaft zu pflegen, die sich durchaus auch in Berührung und Umarmungen zum Ausdruck bringen darf.

Ich habe schon oft erlebt, dass solche Beziehungen, in denen Sexualität abgesprochen, aber nicht ausdrücklich gelebt wurde, generell eine »erotische Einstellung« zum Leben geschaffen haben, die einen freundschaftlicheren Umgang mit den Dingen und neue Beziehungsmöglichkeiten zu anderen Menschen eröffnet sowie auch der sexuellen Beziehung zum eigenen Partner sehr zugute gekommen ist.

Es ist nötig, uns unsere menschlichen Steuerungsmöglichkeiten bewusstzumachen! *Wir* sind es, die entscheiden, wie wir mit unseren Gefühlen und Impulsen umgehen wollen. Die Regeln, die uns in früheren Zeiten vorgegeben waren, gibt es heute nicht mehr. Wir als Personen sind aufgefordert, unsere Beziehung eigenverantwortlich zu gestalten.

Dennoch: Kann es ausbleiben, dass bei diesem Weg trotz guten Willens vieles schiefgeht? Überschätzen wir nicht die menschliche Steuerungsfähigkeit gerade im erotisch-sexuellen Bereich? Wird es nicht vielmehr so sein, dass viele Menschen aufgrund solcher Empfehlungen doch in sexuelle Beziehungen hineinschlittern?

Dem möchte ich zweierlei entgegnen: Zunächst möchte ich die Gegenfrage stellen: Ist das denn so schlimm? Ist es nicht gerade ein Ausdruck jenes unrealistischen Totalanspruchs, von dem ich in diesem Kapitel rede, wenn wir versuchen, die Möglichkeit anderer sexueller Beziehungen ganz und von vornherein auszuschließen? Wenn ein Paar in einer offenen, experimentierfreudigen Weise seinen Weg geht und seine Möglichkeiten miteinander und mit Freunden zu leben sucht, ist das ein risikoreicher Weg. Es wird möglicherweise auch zu Grenzüberschreitungen kommen. Vielleicht gibt es sogar Phasen in der Beziehung, in denen es einem nötigen Befreiungsschlag gleichkommt, sich auf eine andere, auch sexuelle Beziehung bewusst einzulassen. Ich habe schon viele Paare erlebt, bei denen eine kurzfristige sexuelle Außenbeziehung eines Partners die entstandenen starren Fronten aufgerissen und neue Entwicklungsmöglichkeiten eröffnet hat. Natürlich lässt sich so etwas nicht vorprogrammieren. Aber für Paare, die einen offenen und ehrlichen Kontakt zueinander haben und aufrichtig ihren Weg suchen, wird eine vorübergehende sexuelle Außenbeziehung des Partners allein nicht der Untergang sein. Ist es dies, haben wir es gerade mit jenem überzogenen Totalanspruch zu tun, von dem ich hier spreche.

Allerdings, um Missverständnisse zu vermeiden, ist auch das Zweite zu betonen: Ich meine nicht, dass Paare sich etwas Gutes tun, die generell sexuelle Freizügigkeit auf ihre Fahnen geschrieben haben und diese sich unterschiedslos, nach Lust und Laune gegenseitig zugestehen. Ich komme hier zu einem zentralen Punkt dieses Kapitels, der noch klarzustellen ist, damit die bisherigen Ausführungen nicht in einem falschen Licht erscheinen. Ich habe von einem *differenzierten* freundschaftlichen Beziehungsnetz gesprochen. Das heißt auf der einen Seite: Die Paarbeziehung muss eingebettet sein in andere persönliche und freundschaftliche Beziehungen, damit sie lebendig bleibt und nicht am Totalanspruch der Partner zugrunde geht. Auf der anderen Seite aber heißt das auch: Es muss einen klaren Unterschied in der Qualität der Paarbeziehung zu allen anderen Beziehungen dieses sozialen Netzes geben. Dieser qualitative Unterschied ist ein Unterschied im Grad der Intimität. Das heißt: Die Paarbeziehung braucht zwar zu ihrem Überleben das größere Beziehungsnetz. Aber genauso nötig hat sie einen Innenraum der Intimität, den es so zu niemandem anderen als zum eigenen Partner gibt.

Diese Intimität drückt sich am stärksten und »handgreiflichsten« in einer wechselseitig und auf Dauer gepflegten gemeinsamen Sexualität aus. Darum ist es unvermeidlich, dass eine zweite auf Dauer angelegte sexuelle Beziehung oder dass auch zwar kurzfristige, aber wiederholte sexuelle Außenbeziehungen die Intimität der Paarbeziehung auf Dauer zerstören. Vielleicht kann man dann noch als Arbeitsteam zusammenleben oder als Elternpaar, das sich um die Kinder kümmert, die Partnerliebe aber geht daran zugrunde.

Allerdings ist auch hier wieder zu sagen, dass man die Sexualität allein nicht zum entscheidenden Kriterium machen darf. Es kann auch sein, dass eine gar nicht sexuelle

Beziehung wie die der Frau zu ihrem Lieblingskind oder des Mannes zu seiner Mutter einen Grad von Intimität pflegt, der in den Innenraum des Paares eindringt und dessen Intimität zerstört oder jedenfalls stark relativiert.

Als Menschen brauchen wir offenbar einen Raum der Intimität, um uns an einem sicheren Platz in der Welt zu fühlen. Dieser Raum der Intimität scheint nicht beliebig teilbar zu sein. Wenn wir es versuchen, werden alle Beziehungen etwas oberflächlicher, und wir geraten in der Tiefe unserer Seele mehr und mehr in eine einsame Position, in der wir auf uns zurückgeworfen sind und mit uns allein bleiben. Wenn wir mehrere intime Beziehungen auf derselben Ebene zu leben versuchen, verlieren wir die Qualität der Intimität überhaupt.

An dieser Stelle wird es sinnvoll und notwendig, vom nötigen Verzicht zu sprechen. Die Erfahrung zeigt, dass auch hier »weniger mehr ist« und dass sich »der Meister in der Beschränkung zeigt«. Der Verzicht darauf, jede nur mögliche Beziehung bis zur Neige auszukosten, ist nötig, um jenen Binnenraum der Intimität zu schützen, den wir zu einem glücklichen Leben brauchen. Es kann eine sehr beglückende Erfahrung sein, sich als Mann mit einer guten Freundin einig zu sein: »Wir könnten miteinander schlafen, es wäre wahrscheinlich sehr schön, aber wir verzichten darauf, weil wir es um unserer eigenen Paarbeziehung willen so für angemessener halten.« Eine solche Übereinkunft kann eine innige, auch körperbetonte Freundschaft erhalten und dennoch die Intimität unserer wichtigsten Beziehung bewahren. Wenn dieser Binnenraum gepflegt und geschützt wird, dann kommt unserer Paarbeziehung jede andere herzliche und persönliche, geistig-körperlich betonte Freundschaftsbeziehung zugute, regt sie an und befruchtet sie zu neuer Lebendigkeit.

Kapitel 5

All you need is love
Liebe als sexuelle Lust

Zum neo-romantischen Beziehungsideal gehört noch ein weiterer charakteristischer Zug: Dem Erlebnis sexueller Lust wird darin ein zentraler Stellenwert eingeräumt. Miteinander ein Höchstmaß an sexueller Befriedigung zu erleben gilt geradezu als der Inbegriff einer glücklichen Beziehung. Das war nicht immer so und ist sicher auch als eine heftige Gegenreaktion zu begreifen, als Gegenreaktion gegen eine Funktionalisierung der Sexualität ausschließlich hin auf die Zeugung von Nachwuchs, gegen eine puritanische Lust-Verneinung, die von der kirchlichen Moral propagiert oder unterstützt wurde, und nicht zuletzt gegen die ungleiche Behandlung von Frauen und Männern in der Sexualität: Wenn überhaupt, durften die Männer Spaß dabei haben, die Ehefrauen gingen in der Regel leer aus.

Sigmund Freud entdeckte um die Jahrhundertwende, welche ungeheure Bedeutung der Sexualität im Leben des Menschen zukommt, vor allem auch dann, wenn versucht wird, sie auszugrenzen, wenn sie also verdrängt wird. Er war von seiner Entdeckung so fasziniert, dass er keine andere Antriebskraft im menschlichen Leben mehr sehen konnte. Dieser Linie folgten viele seiner Schüler, zum Beispiel Wilhelm Reich, und sie stellten die Sexualität so in den Mittelpunkt menschlicher Selbstverwirklichung, wie es niemals zuvor je geschah. In den 50er Jahren unseres Jahrhunderts begann die Aufklärungswelle zu rollen, und die 68er-Generation zog schockierend und provokativ mit der Proklamation freier Sexualität gegen die Tabus vorangegangener Generationen zu Felde. In dieser Zeit und den Jahren danach entstanden die unterschiedlichsten psychologischen Schulen, die unsere Aufmerksamkeit durch Körper-, Atem- und Bewegungs-Therapien auf den Bereich des Sinnlichen und des Körperlichen lenkten. Viele Tausende von Menschen suchten mit ihrer Hilfe verdrängte Sexualität bewusstzumachen, sexuelle Blockaden zu überwinden und Wege zur Sinnenfreude zu finden. Eine unübersehbare Literatur, vom Fachbuch über die Illustrierte bis zum Pornoheft, demonstriert seit Jahren in abertausend Variationen, »wie man es macht«, um zum möglichst intensiven und ekstatischen Orgasmus zu kommen. Sexuelle Lust und Glück in der Liebe werden miteinander identifiziert. Wenn ein Mann eine Außenbeziehung hat, braucht er nur zu sagen, dass seine Frau mit ihm nicht mehr schlafen will, und er stößt auf allseitiges Verständnis.

Haben wir damit, dass die sexuelle Lust so sehr ins Zentrum der Paarbeziehung gerückt ist, etwas gewonnen? Sicher ist für die Frau-Mann-Beziehung die Sexualität das Zentrale, weil diese durch sie von jeder anderen menschlichen Beziehungsform unterschieden ist. Insofern können wir nur froh und dankbar sein, dass uns die Psychologie und die Körpertherapien ihre Bedeutung so nachdrücklich bewusstgemacht haben. Der sexuelle Akt stellt das tiefste Band her, das Frau und Mann miteinander verbindet. Dieser Tatsache war man sich früher durchaus bewusst: Erst durch den sexuellen Akt wurde lange Zeit von der Kirche die Ehe als zustande gekommen angesehen. Dass die Bedeutung der Sexualität dennoch nicht so hoch bewertet wurde, hing wohl damit zusammen, dass die Paarbeziehung nicht als eine eigenständige Lebensform gesehen wurde. Sie war ganz und gar hingeordnet auf die Familie. Sobald Kinder da waren, spielte sie als solche kaum noch eine Rolle, und wenn die Kinder aus dem Haus waren, hatte das Elternpaar aufgrund der kürzeren Lebenserwartung früherer Zeiten in der Regel nicht mehr lange zu leben. Dementsprechend war die Sexualität hingeordnet auf die Nachkommenschaft, und ihre Bedeutung für die Beziehung als Ganze wurde nicht sehr beachtet.

Heute tritt die Paarbeziehung als solche viel mehr in den Vordergrund. Viele Paare leben jahrelang ohne Kinder, oder sie entscheiden sich überhaupt, kinderlos zu bleiben. Die Kinderzahlen sind in den letzten Jahrzehnten stark zurückgegangen, so dass die Paarbeziehung auch in Familien ein größeres Gewicht behält, weil die Aufmerksamkeit der Eltern durch die Kinder nicht mehr in diesem Ausmaß absorbiert wird, wie das früher der Fall war. Schließlich, wenn die Kinder aus dem Haus gegangen sind, haben heutige Ehepartner noch gut und gerne 20 bis 30 Jahre, in denen sie wieder als »kinderloses« Paar leben.

Damit hat sich im Bewusstsein der Menschen die Sexualität von ihrer Hinordnung auf die Nachkommenschaft gelöst und wie die Paarbeziehung überhaupt einen viel zentraleren Stellenwert bekommen.

Aber etwas scheint bei dieser Betonung der sexuellen Lust dennoch nicht zu stimmen. Massenweise erleben wir heute sexuelle Probleme. Viele sprechen sie aus und suchen Hilfe bei Fachleuten in Praxen und Instituten. Noch viel mehr Menschen verschweigen sie schamhaft, und man ist immer wieder überrascht und erschüttert, wenn auch sie dann mal »auspacken«. Wer hätte gedacht, dass auch dieses Paar solche Probleme hat! Trotz Massenaufklärung, trotz allgemeiner Liberalisierung, trotz Toleranz und Freizügigkeit: dieser Berg von Problemen! Wie ist das zu verstehen? Ich glaube, dass es zu einem guten Teil an der Überbetonung der Sexualität, genauer: an der Überbetonung des sexuellen Lusterlebens, liegt. Was wir in Filmen sehen, was wir in Zeitschriften und Anleitungen lesen, wird statt einer Unterstützung zu einer Norm, an der ich mich messe. Wenn ich ihr nicht entspreche, was meistens der Fall ist, werte ich mich ab. Weil ich aber annehme, dass viele Paare dieser Norm entsprechen, hindere ich mich auch am unbefangenen Austausch, was mir wiederum die Möglichkeit nimmt, Realität und Norm miteinander zu vergleichen. Damit verschärfe ich das Problem weiter.

Die Folge davon ist bei sehr vielen Paaren eine fast zwanghafte innere Konzentration auf das Problem der sexuellen Erfüllung. Daraus wiederum ist die Konsequenz, dass jedes Miteinanderschlafen zum Testfall wird. Dies ist jedoch einer gelösten Sexualität sehr abträglich, und so wird das sexuelle Problem immer größer. Viele Paare sind es dann irgendwann leid, resignieren, geben es auf, über ihre Sexualität zu sprechen, gehen fremd oder betätigen sich sexuell überhaupt nicht mehr. Dennoch bohrt das Problem in ihnen weiter. Denn bei der heute allgegenwärtigen Betonung der Sexualität kann niemand mehr meinen, dass seine Ehe, in der die Sexualität »nicht mehr klappt«, auch nur irgendwie in Ordnung sein könnte.

Wie steht es also nun mit der sexuellen Lust in der Paarbeziehung? Eines ist sicher: Die Sexualität macht die Paarbeziehung zur Paarbeziehung. Ohne Sexualität ist die Beziehung der Partner vielleicht eine Art Eltern-Kind-Beziehung, oder das Paar ist ein gutes Arbeitsteam, das seine Aufgaben kooperativ und reibungslos erledigt, oder es ist eine Art Geschwister- oder Freundespaar, das friedlich, streitend, einander unterstützend oder einander bekämpfend miteinander lebt. Das sind zwar Möglichkeiten, wie Paare auch miteinander leben können, aber dann leben sie nicht eigentlich als Frau und Mann zusammen. Was ihre Beziehung zu einer Frau-Mann-Beziehung macht, ist die Sexualität. Sie stiftet das charakteristische Band, das die beiden zu einem Paar macht. Sie bewirkt die körperliche Bindung, die es so in keiner anderen Form von menschlicher Beziehung gibt.

Was ist das nun für eine Verbindung? Die Konzentration auf die sexuelle Lust, wie wir sie im allgemeinen Bewusstsein vorfinden, wird ihr nicht gerecht. Eine sexuelle Beziehung bedeutet etwas viel Umfassenderes und Tiefergehendes. Ich möchte im Folgenden mehrere Punkte nennen, die im allgemeinen Bewusstsein der Paare über Sexualität zu wenig Beachtung finden und damit aus ihrem Lebensvollzug ausgeblendet werden. Mir scheinen diese Punkte zentral, um eine Neueinstellung zur Sexualität zu finden und damit viele der Probleme zu lösen, die uns heute in diesem Bereich begegnen und beschäftigen.

1. Indem durch die verschiedensten Medien die sexuelle Lust als das Erstrebenswerte so in den Vordergrund gerückt wird, erscheint sie als ein Ziel an sich, das es um jeden Preis zu erreichen gilt, soll die Beziehung glücklich sein. Damit aber wird die innere Aufmerksamkeit und die Intention der Menschen direkt auf das Lusterleben gerichtet. Es zeigt sich aber immer wieder, dass Gefühle

und subjektive Erlebnisse generell, wenn sie als solche direkt angesteuert werden, entweder überhaupt nicht erreicht werden oder sehr bald schal und oberflächlich werden. Gefühl und Erleben ist immer die Folge von etwas. Wer sich freuen will, muss etwas tun, das ihm Freude bringt. Wer nur Faszination als solche will, der wirkt bald oberflächlich und verkrampft. Faszination stellt sich ein, wenn ich mich mit etwas Faszinierendem beschäftige. Ich kann also nicht die Faszination als solche anstreben, dadurch mache ich sie gerade kaputt. Anstreben kann ich das, von dem ich weiß, dass es so wertvoll ist, dass es mir Faszination vermittelt. Das Erleben, die Faszination, das Gefühl ist also eher eine Beigabe als ein Ziel, das ich anstreben kann. So ist es auch bei der Lust in der Sexualität: Wenn auf sie meine ganze Aufmerksamkeit gerichtet ist und ich sie als solche anstrebe, ist die Chance sehr groß, dass ich leer ausgehe.

Ich habe darum bewusst von sexueller Beziehung und nicht von sexueller Lust gesprochen. Was ich mit meinem Partner anstreben und verwirklichen kann, ist eine sexuelle Beziehung, aber nicht das dauernde Erlebnis sexueller Lust.

Sexuelle Lust kann alles Mögliche sein. Sie kann der Befriedigung aller möglichen Bedürfnisse dienen, die mit der Beziehung zwischen dieser Frau und diesem Mann nur sehr wenig zu tun haben. Sexuelle Lust kann zum Beispiel gesucht werden als Stillung eines kindlichen Versorgungsbedürfnisses. Der Mann möchte sich von seiner Frau umhegen, verwöhnen, füttern lassen wie ein Säugling von seiner Mutter. Aufgrund seiner beruflichen Überforderung beispielsweise regrediert er zu Hause auf den Stand eines kleinen Jungen, der die Mutter braucht. Dieses Bedürfnis spürt er als sexuelles Verlangen. Freilich wird dies die Frau nicht als besonders »antörnend« erleben, und wenn er ihr immer nur so kommt, wird sie sich bald verweigern, entweder durch ein bewusstes Nein oder durch ein Nein ihres Körpers, der sexuell nicht mehr reagiert.

Sexuelle Lust kann weiter gesucht werden als Kompensation für ein geschwächtes Selbstwertgefühl. Weil die Frau zum Beispiel zutiefst in ihrem Selbstwert in Frage gestellt ist, weil sie von sich als Person nicht viel hält, sucht sie immer wieder Sexualität, weil sie sich darin als Frau erlebt und damit eine gewisse Aufwertung erfährt. Der Partner in einer solchen Beziehung wird sich freilich bald als Mittel zum Zweck benutzt fühlen und – eingestanden oder nicht – unbefriedigt zurückbleiben. Aus ähnlichen Gründen betreiben Männer oft Sexualität wie Leistungssport, um sich ihrer Männlichkeit, die sie vor allem mit Leistung verbinden, immer wieder zu vergewissern.

Im subjektiven Erleben können sich derartige Bedürfnisse als sexuelle Bedürfnisse äußern. Freilich werden sie durch deren Erfüllung dann nicht wirklich gestillt. Das sexuelle Erleben wird zu einem Ersatz für die Befriedigung anderer Bedürfnisse, die mit sexuellem Verlangen nicht viel zu tun haben. Dadurch wird es in sich schal, muss aber gerade deshalb immer wieder gesucht werden, weil es ja zu keiner wirklichen Befriedigung, weder des sexuellen noch des »dahinterliegenden« eigentlichen Bedürfnisses, für das die Sexualität steht, führt. Bei Menschen, die besonders oft mit anderen schlafen »müssen«, liegt häufig eine solche Fehlidentifizierung der Bedürfnisse vor, weshalb das Bedürfnis, mit anderen immer und immer wieder zu schlafen, keineswegs als Zeichen von besonderer sexueller Potenz zu werten ist.

Da, wo sexuelle Lust als solche angestrebt wird, entweder direkt oder als Kompensation zur Stillung eines anderen Bedürfnisses, ergibt sich außerdem noch ein weiteres Problem: Es geht dabei immer um *meine* Lust, *meine* Befriedigung. Der Partner spielt nur als Lustbringer eine Rolle, aber nicht als der, der er ist. Er ist im Grunde auswechselbar, es geht nicht um ihn als einen einmaligen Menschen. Wenn ich in der Sexualität die Lust als solche suche, suche ich darin nur mich, bleibe also ganz und gar auf mein eigenes Ich bezogen. Demgegenüber ist zu betonen, dass es in der Sexualität zentral um den anderen geht. Natürlich spielt dabei auch mein Bedürfnis, meine Lust eine wichtige Rolle, aber es ist mein Bedürfnis »nach *dir*«, es ist meine »Lust auf *dich*«. Der Drang nach sexuellem Erleben sagt: »Es drängt mich danach, mich *dir* zu schenken.« Das ist der Kern jeder wirklichen sexuellen Begegnung. Eine solche Begegnung erfasst mich in meinem innersten Wesen, ist aber gerade dadurch äußerst lustvoll, dass ich nicht die Lust als solche anstrebe, sondern das Du des anderen.

Es geht in der sexuellen Beziehung also nicht um Lust, sondern um Hingabe. Wenn ich mich auf diese Bewegung der Hingabe mit Leib und Seele einlasse, stellt sich auch die Lust ein, nicht aber, wenn ich die Lust als solche haben will. Damit vertreibe ich sie eher. Dies scheint mir der Kern fast aller sexuellen Probleme zu sein, mit denen Therapeuten es zu tun bekommen, und alle praktischen Anleitungen nutzen gar nichts, wenn nicht die Frage beantwortet ist, ob unsere Beziehung wirklich so ist, dass ich als Mann mich dir als Frau, dass ich als Frau mich dir als Mann schenken will.

Oft sagen Frauen: »Ich kann nicht mit dir schlafen, weil du immer so schnell bist« oder »weil du nicht zärtlich streichelst«, oder »weil du vorher nichts mit mir redest«. Im Einzelfall mag all dies zutreffen. Ich frage mich aber, ob sich hinter dieser oft recht stereotypen Aufzählung männlicher Fehler nicht eigentlich verbirgt: »Ich mag dich als Mann, so wie du bist, eigentlich nicht!« In solchen Fällen bringt es wenig, darüber zu reden, wie es der Mann geschickter machen könnte. Er kann es machen, wie er es will, es wird nie recht sein. Bevor nicht das Thema angesprochen ist, um das es eigentlich geht, nämlich »warum ich mich als Frau dir als Mann nicht geben kann«, wird die Auseinandersetzung nicht vorankommen. Andererseits wäre so mancher Mann, der sich darüber beklagt, dass die Frau nicht mit ihm schläft, zu fragen: »Warum willst du denn mit ihr schlafen? Was suchst du eigentlich im sexuellen Akt mit ihr? Ist sie als Person dabei wichtig? Könntest du nicht genauso gut mit irgendeiner anderen Frau schlafen?« Wenn Frauen sich darüber beklagen, dass sie das Gefühl haben, die Männer würden sich bei ihnen nur »abreagieren«, fühlen sie, dass sie nicht wirklich als Person gemeint sind, sondern nur als Lustbringer für ihn, und auf die Dauer tötet das jede sexuelle Befriedigung.

Sexuelle Befriedigung ist eine Begleiterscheinung. Sie stellt sich am intensivsten und umfassendsten ein, wenn sich in der Sexualität Hingabe an den Partner ausdrückt. Wird die bloße Lust angestrebt, verkehrt sich Sexualität zur gemeinsamen oder einseitigen Selbstbefriedigung, wird Egoismus zu zweit und damit leer und letztlich auch noch lust-los.

2. Ein weiteres Problem ist mit der Konzentration auf die sexuelle Lust gegeben: Die Aufmerksamkeit wird dadurch viel zu stark auf das Höhepunkt-Erlebnis des Orgasmus gerichtet. Was dabei untergeht, ist die Tatsache,

dass die sexuelle Beziehung viel mehr einschließt. Sie ist körperliche, leibliche Beziehung in einem umfassenden Sinn. Dazu gehört mehr als das Orgasmus-Erlebnis. Sexuelle Beziehung heißt: Ich suche mit meinem Körper deinen Körper, mit meiner Haut, mit meinen Händen, mit meinen Lippen deine Haut, deine Hände, deine Lippen ... Manchmal wird es einfach dabei bleiben, und manchmal wird es uns auch weiterdrängen. Manchmal werden wir ohne sexuelle Gefühle im engeren Sinn bleiben, manchmal werden sexuelle Gefühle aufflackern und wieder vergehen, manchmal wird sich ein intensiveres sexuelles Gefühl einstellen, und es wird uns zur vollen sexuellen Vereinigung drängen, die manchmal in einem Orgasmus gipfelt, manchmal aber auch in einem ganz friedlichen Beieinander-Sein zur Ruhe kommt. Es wird nie das eine Mal so sein wie das andere Mal, und wie immer es ist, es darf so sein, so geschehen, ohne dass das eine besser ist als das andere. Das Hinstarren auf den Orgasmus zerstört die Vielfalt körperlicher Begegnung. Ja, es zerstört überhaupt den Begegnungscharakter der Sexualität, weil ich dabei nur bei meinem Lusterlebnis und nicht bei meiner Hingabe an den anderen bin.

Wird die sexuelle Beziehung in dieser umfassenden Weise als körperliche Beziehung gelebt, wird sie wachsen und reifen. Sie wird tiefer und faszinierender, auch wenn die beiden Partner das attraktive Jugendalter schon lange hinter sich haben. Es gibt viele Paare, die feststellen können, dass sie in vorgerücktem Alter ihre Sexualität vielfältiger, intensiver und befriedigender erleben, als es ihnen in jungen Jahren möglich war. Dabei muss wieder die Illusion aufgegeben werden, es ginge alles von selber und würde so bleiben. Nein, es braucht ständige Aufmerksamkeit und Pflege, und das heißt, es braucht

Zeit. Hier wird wieder aktuell, was ich im ersten Kapitel von der Schaffung der gemeinsamen Insel gesagt habe. Das Paar muss Zeiten und Räume bereitstellen, es muss »gute Gewohnheiten« entwickeln, in denen sich die Sexualität zur vollen Reife entfalten kann.

3. Ein dritter Punkt scheint mir noch von Bedeutung: Die Fixierung auf die sexuelle Lust bringt etwas Steriles, Undynamisches und Unkreatives mit sich. Sinnliche Lusterfahrung ist etwas, woran man sich schnell gewöhnt. Dann braucht es immer mehr Abwechslung, immer stärkere Reize, und dennoch ist der Abflachungsprozess unausweichlich. So wird es nötig, immer komplizertere und raffiniertere Praktiken anzuwenden, und doch bleibt aus, was man sich davon erhofft. Der wachsende Überdruss sucht sich vielleicht noch einen Ausweg in perversen Exzessen. An die in letzter Zeit öfter diskutierten Kinder-Pornos möchte ich in diesem Zusammenhang nur erinnern. Hier führt sich die Fixierung auf das bloße Lusterlebnis vollends ad absurdum, weil es sich in sein Gegenteil verkehrt. Während die isoliert gesuchte sexuelle Lust also etwas Steriles ist, hat eine sexuelle Beziehung im umfassenden Sinn einen kreativen Charakter an sich. Sie drängt danach, fruchtbar zu werden in einem Dritten. Die sexuelle Befriedigung drängt hin auf das Kind. Trotz Konsumgesellschaft, trotz Überbevölkerung, trotz Umweltvergiftung und drohender Klimakatastrophe wollen zwei Menschen, die sich einander wirklich hingeben, dennoch immer wieder über kurz oder lang ein gemeinsames Kind. Wenn dieser Wunsch nicht auftaucht, haben sie sich nicht wirklich aufeinander eingelassen. Wenn sich der Wunsch zwar regt, aber sie sich ihm verschließen, wird ihre Beziehung an Tiefe verlieren und abflachen. Denn sie verliert ihren eigentlichen

Sinn, nämlich schöpferische Kraft zu sein. Eine nur auf Lust abgezielte Sexualität, die diese Schöpferkraft ausschließt, ist eine kastrierte Sexualität. Sie wird sich totlaufen.

Hingegen habe ich schon oft erlebt, dass mit dem Entschluss zum gemeinsamen Kind die Paarbeziehung wieder neuen Inhalt und neue Lebendigkeit erhält. Die gemeinsame Sexualität wird dann vielleicht weniger häufig, weniger »ausführlich«, dennoch bekommt sie oft eine neue, tiefere und befriedigendere Qualität.

Mir ist bewusst, dass ich mich hier auf ein gefährliches Gebiet begebe. Ich setze mich dem Vorwurf aus, durch die Hintertür doch wieder, gemäß der alten kirchlichen Lehre, den Nachwuchs als Zweck der Ehe und die Zeugung als Ziel jedes sexuellen Aktes einzuschmuggeln. Ich meine tatsächlich: Eine sexuelle Beziehung muss fruchtbar werden. Daraufhin ist sie angelegt. Das zeigt einfach das Erleben von Paaren, die sich ernsthaft aufeinander einlassen. Das heißt: Hat ein Paar diesen Wunsch nach einem gemeinsamen Kind nicht, oder lässt es diesen Wunsch bewusst nicht zu, entsteht keine wirklich tiefe Bindung zwischen den beiden. Oft wird bei solchen Paaren das Zusammenleben nach einiger Zeit langweilig und leer, und ein Schleier der Depression breitet sich darüber.

Damit will ich natürlich nicht bestreiten, dass es ernsthafte Gründe geben kann, auf Kinder zu verzichten. Aber dieser Verzicht wird nur dann der Beziehung nicht schaden, wenn er ein wirklicher Verzicht ist. Auf etwas verzichten kann man erst, wenn man mindestens den lebhaften Wunsch danach verspürt. Es muss also anerkannt sein, dass die Tendenz der sexuellen Beziehung auf ein gemeinsames Kind hingeht, dann wird es nicht zum

Schaden der Beziehung sein, wenn aus wichtigen Gründen dieser Tendenz nicht nachgegeben wird. In einem solchen Fall kann und wird die sexuelle Beziehung der Partner in anderer Weise fruchtbar werden. Die Schöpferkraft wird sich andere Bereiche suchen, in denen die gemeinsame Kreativität gelebt wird, in einem gemeinsamen Anliegen, einem gemeinsamen Werk, einem gemeinsamen Engagement, gemeinsamen Zielen.

Ein weiterer Einwand gegen das Gesagte kann die Beobachtung sein, dass von Paaren oft Kinder in die Welt gesetzt werden, um sich einer heraufziehenden Krise nicht stellen zu müssen. Die auseinanderbrechende Ehe wird mit dem Kind gekittet. Damit wird ihm eine schwere Hypothek aufgeladen, und die Beziehungskrise wird zur chronischen Krise verschleppt, aber keineswegs gelöst. Niemand wird bestreiten, dass es solche Fälle gibt und dass hier der Kinderwunsch nicht dem inneren Sinn der Beziehung entspringt, sondern der Angst vor der Auseinandersetzung. In einem solchen Fall ist natürlich die Entscheidung für die körperliche Fruchtbarkeit nicht an der Zeit. Ich erlebe aber gerade in letzter Zeit mindestens genauso häufig, wenn nicht häufiger, dass Paare den Moment verpassen, wo es an der Zeit wäre, dem inneren Drang nach einem Kind, den die Frauen meistens deutlicher spüren als die Männer, nachzugeben. Die Gefahr besteht, wenn sie diesen Moment verstreichen lassen, dass sie ihre Sexualität der schöpferischen Kraft berauben, dass diese verflacht und ihre Beziehung langsam in eine schale Oberflächlichkeit hineinzudriften beginnt.

Was können nun Paare tun, die diese Entscheidung zur Fruchtbarkeit versäumt haben und denen jetzt, wo es zu spät ist, bewusst wird, was sie sich damit angetan haben?

Für solche Paare ist wichtig, dass sie das Versäumte klar ins Auge fassen, dass sie ihre Entscheidung im Nachhinein akzeptieren und dass sie die ungenutzten Möglichkeiten betrauern und verabschieden. Unter dieser Voraussetzung kann es dann durchaus möglich werden, auf einer neuen Ebene miteinander fruchtbar zu werden und ihre sexuelle Beziehung in einem umfassenden Sinn weiter zu vertiefen.

4. Noch ein letzter, vierter Gedanke ist anzufügen: Eine sexuelle Beziehung unterliegt natürlichen Schwankungen. Sind die Partner nur auf das Lust-Erlebnis aus, wird dessen Ausbleiben sofort Unruhe hervorrufen. Die darauf folgenden Anstrengungen machen alles meist nur noch schlechter. Viel besser wäre es, sich jetzt zu fragen, ob dies vielleicht ein Zeichen ist, dass jetzt eine Phase der Beziehung beginnt, in der sich die sexuelle Beziehung wandeln will. Es kann sein, dass die Wandlungsphase mit einer größeren Distanz zwischen den Partnern beginnt, von der auch körperliche Nähe und sexueller Kontakt betroffen sind. Diese Distanz durchzuhalten kann die Voraussetzung dafür sein, dass das Paar zu einer neuen, jetzt noch nicht bekannten und erst allmählich sich herausbildenden neuen Form von Sexualität findet. Paare, die die Sexualität in dem geschilderten umfassenden Sinn verstehen, werden imstande sein, sich mit Sensibilität und Wachheit auf solche Wandlungsprozesse einzulassen. Dies kann bedeuten, dass einer vom anderen oder beide voneinander körperlich über längere Zeit nichts mehr wissen wollen. Paare, die die körperliche Verbundenheit ihrer Beziehung über längere Zeit schon erfahren haben und sich innerlich darauf beziehen können, werden auf solche Distanzphasen nicht mit Panik und nervösen Anstrengungen reagieren, sondern mit einer gewis-

sen Gelassenheit und Zuversicht, weil sie wissen, dass solche Distanzphasen immer nötig sind, um zu neuen Ufern aufzubrechen.

Kapitel 6

Dazu brauchen wir doch nicht zu heiraten!
Liebe als Wachstumsprozess

Es war davon die Rede, dass in der neo-romantischen Liebesauffassung, mit der ich mich hier auseinandersetze, Liebe und Liebeserlebnis gleichgesetzt werden. Damit ist neben allem, was ich bisher besprochen habe, noch eine weitere Konsequenz gegeben: die Meinung, dass Liebe nämlich willentlich nicht beeinflussbar sei und durch bewusste Entscheidung höchstens gestört, wenn nicht gar zerstört werden könne. Daraus folgt, dass die Dinge in der Liebe sich ergeben, sich entwickeln, dass sie wachsen und reifen müssen und dass sie nicht machbar sind. Der Liebe besonders abträglich ist es nach dieser Auffassung, wenn sie mit Hilfe bewusster Entscheidungen »festgeschrieben« werden soll. Dadurch wird sie – wie sich bei der Eheschließung am krassesten zeigt – institutionalisiert und formalisiert. Das ist aber nach dieser Auffassung der Partnerliebe völlig unangemessen. »Kopf« und bewusster Wille werden als Gegensatz zur Liebe gesehen. Alles muss offen bleiben, die Liebe muss sich immer wieder neu herausstellen und bewähren, die Dinge müssen sich entwickeln können, was »daran ist«, muss sich quasi von selbst ergeben. Ob die Liebe hält oder nicht, wird sich zeigen, ob wir zusammenziehen oder nicht, wird sich herausstellen, ob wir Kinder haben werden oder nicht, wird irgendwann mal klar werden.

Es ist dies eine Art biologisch aufgefasste Wachstumsidee, der wir hier begegnen. Wie eine Pflanze wächst, blüht, Frucht bringt, ohne dass jemand mit Kopf oder Willen eingreift, so soll es auch in der Partnerschaft sein. Diese »Öko-Idee« menschlicher Beziehungen beinhaltet allerdings viel Ideologie. Jeder, der einen Garten hat, weiß, dass bewusstes Eingreifen für Wachstum und Fruchtbarkeit von Pflanzen durchaus nötig ist. Dennoch steht dahinter ein sehr berechtigtes Anliegen und eine oft bittere Erfahrung. In unserer Elterngeneration und in unserer Umgebung erlebten und erleben wir, dass Verstand und Wille in Partnerbeziehungen oft tatsächlich ganz und gar nicht im Sinne der Liebe eingegriffen haben und eingreifen. Man entschied sich, zu heiraten, weil man keine Alternative hatte, hielt und hält die Ehe aufrecht, weil man Angst vor dem Alleinsein hat, setzte und setzt Kinder in die Welt, weil es halt dazugehört. Viele Menschen versuchen mit ihrer bewussten Entscheidung, die Liebe, die nicht mehr da ist, zu ersetzen oder mit Gewalt festzuhalten. Das ist natürlich unmöglich. Aus dieser Erfahrung geht die Tendenz ins andere Extrem, Liebe und bewusste Entscheidung, und vor allem Liebe und institutionelle Festlegung, als unvereinbare Gegensätze zu sehen. Darin liegt es begründet, dass heute die Zahl der Eheschließungen kontinuierlich zurückgeht, die Zahl der unverheiratet zusammenlebenden Paare immer größer wird und dass die Zahl der Single-Haushalte in manchen Großstädten auf die 50 Prozent zugeht. Wenn man sich nicht auf einen »Law and order«-Standpunkt stellt, sind diese Folgen für sich genommen ja noch nicht bedenklich. Wenn man aber davon ausgeht, dass diese nicht-ehelichen Lebensformen in ihrer Mehrzahl auf das Vermeiden ausdrücklicher Entscheidungen und bewusster Festlegungen zurückzuführen sind, zeigt sich eine tiefgehende Problematik.

Aus dem biologisch aufgefassten Wachstumsgedanken entsteht nämlich ein Paarmuster, das ich etwas sarkastisch »das Muster des verjährten Liebespaares« genannt habe. Was ist damit gemeint? Nehmen wir einen heute häufigen Fall: Zwei Menschen verlieben sich und gehen ein »Verhältnis« miteinander ein. Jeder hat seinen eigenen Beruf, jeder seine eigene Wohnung, jeder ist in seinem Umfeld gut integriert. Vorerst denken sie nicht daran, zusammenzuziehen. Aber mit der Zeit ergibt es sich so, dass er hauptsächlich bei ihr wohnt, ohne allerdings die eigene Wohnung aufzugeben. Eine Art »Probe-Ehe« beginnt. Das dauert vielleicht so zwei Jahre. Man will mal sehen, wie es geht. Dagegen ist überhaupt nichts einzuwenden. Solche vorläufigen Formen des Zusammenlebens können sehr wertvoll sein, entweder um überhaupt erste intensive Beziehungserfahrungen zu machen oder um nach frustrierenden Erfahrungen vorsichtig neue Wege auszuprobieren. In unserem Fall aber vergehen die zwei Jahre und ebenso ein drittes, aber es ändert sich nichts. Die Beziehung entwickelt sich nicht so recht »von selber«. Es geht weder deutlich in Richtung »zusammen«, noch in Richtung »auseinander«. Eigentlich leben sie ja fast schon wie ein Ehepaar. Aber sie sind doch keines. Das zeigt sich in bestimmten charakteristischen Situationen. An Weihnachten zum Beispiel fahren sie immer noch nach Hause, aber getrennt, jeder zu seinen Eltern. Im eigenen Elternhaus ist der Freund/die Freundin noch gar nicht richtig eingeführt. Die jeweiligen Eltern kennen ihn/sie kaum. Man hält den anderen irgendwie geheim, wie eine »verbotene Liebe«.

Außerdem fällt auf, dass sie keine Zukunftspläne machen. Über den nächsten gemeinsamen Urlaub geht die Planung nicht hinaus. Sie denkt zwar manchmal an ein Kind, denn altersmäßig wäre es bereits höchste Zeit. Aber das Thema ist tabu, wo sie doch noch gar nicht mal darüber gesprochen haben, in welchem Sinn sie sich als Paar verstehen. Wenn Freunde kommen, die der andere noch nicht kennt, wird es jedes Mal peinlich. Wie soll man einander vorstellen? »Meine Frau«, »mein Mann«, das stimmt ja nicht, »mein Freund«, »meine Freundin« – das klingt seltsam angesichts der gemeinsamen Jahre, die man schon auf dem Buckel hat. Auch »meine Partnerin«, »mein Partner« würde eine Definition der Beziehung voraussetzen, die man bis jetzt vermieden hat. Der Zustand ist noch immer vorläufig und ist doch schon ein Dauerzustand geworden. Das Undefinierte der Beziehung erfüllt beide manchmal mit Unbehagen. Aber »es« wird nicht eindeutiger. Allmählich beginnt man auf der Stelle zu treten. Ein Gefühl von Langeweile breitet sich aus. Es passiert nichts Neues mehr. Schleichende Enttäuschung breitet sich aus. Er hält sich jetzt wieder öfter in seiner eigenen Wohnung auf, die Sexualität wird seltener, sie erlebt sich manchmal »grundlos« widerborstig und ertappt sich immer öfter bei romantischen Träumereien von einer großen Liebe, die alle nicht gestellten Fragen mit einem Schlag beantworten würde. Die Beziehung wird immer leerer und sinnloser, eine Grundstimmung von Depression breitet sich aus. So fragen sich beide, warum sie eigentlich noch ein Paar sind. Wenn sie ehrlich sind, verbindet sie außer der Gewohnheit nichts mehr. Ohne dass etwas Besonderes vorgefallen wäre, ohne dass einer den anderen besonders verletzt hätte, sind sie irgendwie miteinander am Ende. Ihre Liebe hat sich »verjährt«. Beide sind im Grunde wieder die Singles geworden, die sie vor Jahren gewesen sind.

Hier treten die Folgen der biologischen Wachstumsidee für die Partnerliebe sehr krass zu Tage. Es gibt aber auch Paare, die verheiratet sind und Kinder haben, bei denen die Wachstumsideologie dennoch zerstörerisch wirkt, obwohl sie äußerlich alle anstehenden Entscheidungen gefällt zu haben scheinen. Zum Beispiel: Ein Paar zieht zusammen, weil es praktischer ist. Ein Wohnungswechsel steht bei einem an, da ergibt es sich fast von selbst, dass man zusammenzieht. Dann vergisst sie die Pille und wird schwanger. Da eine Abtreibung für das Paar nicht in Frage kommt, kriegen sie das Kind, aber ohne dass sie sich dafür wirklich entschlossen hätten. Nun sind sie Vater und Mutter: ein Grund mehr, zusammenzubleiben, ohne sich wirklich dafür entschieden zu haben. Dann stellt sich heraus, dass es für das Kind doch immer noch recht nachteilig ist, unverheiratete Eltern zu haben. Also geht man schließlich, obwohl man das nie wollte, doch noch miteinander zum Standesamt. Dieses Paar hat im Grunde alles genauso dem »unwillkürlichen« Wachstum überlassen wie das »verjährte Liebespaar« – und hat sich um die ausstehenden Entscheidungen herumgedrückt.

Es kann sein, dass dabei gar nichts Schlimmes passiert. Es kann sein, dass sie auf irgendeinem Weg die Entscheidungen doch auch innerlich nachvollziehen. Dennoch haben sie viele Chancen für ihre Beziehung verpasst. Und dies hat in vielen Fällen ähnlich negative Folgen wie die vorher besprochenen. Bei einem oder bei beiden bleibt die große Frage zurück: »Warum sind wir eigentlich zusammen? Meint er/sie wirklich *mich*?« Hinter allerlei »Beziehungskisten« bohrt eigentlich einzig und allein diese große Frage. Wenn ein solches Paar in die Therapie kommt, wird diese gar nichts nutzen, wenn es nicht gelingt, auf den Grund vorzustoßen, der in dieser letzten Unsicherheit und Unentschiedenheit liegt, auf der die Beziehung aufgebaut ist.

Was ist nun im Einzelnen zu dieser biologisch gefassten Wachstumsidee in der Partnerliebe zu sagen? Ich meine natürlich auch und habe es immer wieder betont, dass die Partnerliebe ein Prozess ist, ein Wachstums- und Reifungsprozess. Er verläuft in Phasen von Nähe und Distanz, hat seine Durststrecken und Oasen und führt über Höhen und durch Tiefen. Das ist ja mein zentrales Anliegen in diesem Buch: von einer zu stark momenthaften Auffassung der Liebe als Erleben im Hier und Jetzt wegzukommen. Allerdings sehe ich diesen Wachstums- und Reifungsprozess beim Menschen nicht in einem Gegensatz zur bewussten Entscheidung, willentlichen Festlegung und ausdrücklichen Formgebung. Entscheidung, Festlegung und Formgebung gehören in die Entwicklung des Menschen, auch in die Paarbeziehung und Partnerliebe, mit hinein.

Natürlich braucht alles seine Zeit. Die Dinge müssen sich tatsächlich entwickeln. Was Liebesbeziehungen anbelangt, so wurde dies in früheren Generationen oft sträflich missachtet. Wir kennen alle die unseligen Zwänge, unlegitimierte Verhältnisse zu legalisieren und damit Entscheidungen zu provozieren, die zur Situation der betroffenen Menschen überhaupt nicht passten. Alles hat seine Zeit, und es kann fatale Folgen haben, wenn man nicht den richtigen Zeitpunkt abwartet. Es kann darum notwendig sein, unter Umständen gegen alle gesellschaftlichen Gepflogenheiten und gegen alle praktische Nützlichkeit eine Entscheidung, die alle Welt erwartet, zu verweigern, zum Beispiel nur deshalb zu heiraten, weil ein Kind im Kommen ist.

Es gibt aber auch den gegenteiligen Fehler: Man verpasst den rechten Zeitpunkt. »Verjährte Liebespaare« erinnern sich öfter an den Moment, da die Entscheidung fällig war. Es kann sein, dass dieser ein für alle Mal vorbei ist und deshalb aus der Beziehung nichts mehr werden kann.

Warum ist das so? Wachstum und Entwicklung sind zunächst unbewusst. Sie vollziehen sich tatsächlich von selbst. Wir Menschen sind aber auch bewusste Wesen. Was wir nicht in unser Bewusstsein hineingenommen haben, wird nicht voll zu unserer Wirklichkeit. Ein »unbewusstes« Ja zum anderen, wie es viele Paare leben, ist kein volles Ja. Genau dasselbe gilt natürlich auch umgekehrt: Ein bewusstes Ja, das nicht vom Unbewussten her gefüllt ist, sondern über dieses einfach hinweggeht, wird nicht lange tragen. Aber auch, wenn wir bei aller »unbewussten« Zuneigung das bewusste Ja vermeiden, wird sich der andere nicht voll gemeint fühlen. Erst wenn ich eine bewusste, willentliche, ausdrückliche Entscheidung für ihn gefällt habe, erst dann bin ich ganz bei ihm angekommen, erst dann wird meine Zuneigung auch Hingabe.

Ein Zweites: Wir Menschen sind leibliche, sinnenhafte Wesen. Wirklichkeit wird etwas für uns erst, wenn wir es auch sehen, greifen, anfassen können. Darum muss die Entscheidung für eine Beziehung nicht nur bewusst gefällt, sondern sie muss auch sichtbar gemacht werden. Dem entspricht es, dass Eheschließungen auch juristisch formuliert und mit Symbolen umgeben werden, dass man zum Standesamt, in die Kirche geht, unterschreibt, Ringe wechselt und ein Fest feiert.

Dabei gibt es keinen bruchlosen Übergang von der Entwicklung zur Entscheidung. Die Entscheidung bringt eine wesentlich neue Qualität in die Beziehung. Dies stellen alle Paare fest, auch wenn sie nach jahrelangem Zusammenleben den Schritt zur Heirat machen. »Ich habe nicht gedacht, dass es doch etwas anderes ist, verheiratet zu sein, als einfach zusammenzuleben« – solche und ähnliche Sätze höre ich immer wieder. Die bewusste, in äußeren Formen ausdrücklich gemachte Entscheidung bringt etwas qualitativ Neues. Sie bedeutet immer auch einen Sprung. Selbst die seltenen Menschen, die das Glück haben, plötzlich zu »wissen«, dass es jetzt so weit ist und die Entscheidung gefällt werden muss, empfinden immer noch einen Rest von Dunkelheit und damit ein Risiko. Die Entscheidung erstreckt sich ja auf die Zukunft, und ich habe nur Erfahrung mit der Vergangenheit und dem jetzigen Augenblick. Ich weiß nicht, was die Zukunft bringen wird. Trotzdem entscheide ich mich auch für die Zukunft. Das ist das Risiko, das mit unserer menschlichen Existenz gegeben ist. Wir können ihm nicht ausweichen, es macht zu einem wesentlichen Teil unser Leben und unser Zusammenleben aus. Erst wenn ich mit dem anderen die dunkle Zukunft wage, wird sich unsere gemeinsame Gegenwart mit Sinn füllen.

Viele Menschen vermeiden eine explizite Entscheidung über ihre Paarbeziehung, weil sie es anders machen wollen als ihre Eltern. Deren Beziehung wurde nur noch durch die äußere Form zusammengehalten, aber nicht mehr von der Liebe. Oft ist es also ein emanzipatorisches Anliegen, das die beiden leitet, wenn sie sich nicht zu definitiven Entscheidungen über ihre Beziehung bereitfinden. Sie wollen sich aus einer leer gewordenen Tradition lösen. Dieses Anliegen ist berechtigt, aber es wählt den falschen Weg. Denn die beiden verhindern dadurch gerade, eine Alternative zur traditionell entleerten Eheform zu entwickeln. Das Vermeiden der ausdrücklichen Beziehungsdefinition zugunsten der Wachstumsidee läuft in vielen Fällen gerade im Gegenteil darauf hinaus, dass das Paar sich daran hindert, ins Erwachsenenalter einzutreten. Aus Angst, zu früh »etabliert« zu werden, vermeiden sie, sich auf die gleiche Ebene wie die Eltern zu stellen. Sie leben in einer quasi-adoleszenten Lebensform, in der noch alles offen sein soll. Dem entspricht, dass sie sich nach wie vor im Grunde ihres Herzens als »Sohn« und »Tochter« fühlen. Auch wenn sie die Dreißig schon überschritten haben, leben sie noch wie zwei Jugendliche in Opposition zu den Eltern. Ihre Lebensform ist mehr durch ein »Gegen« (die Eltern) als durch ein »Für« (ihr eigenes Leben und ihre eigenen Ziele) geprägt. Eine wirkliche Auseinandersetzung mit den Eltern wird dabei eher vermieden als geführt.

Eindrücklich ist mir dies noch aus der Arbeit mit solch einem »verjährten Liebespaar« in Erinnerung: Im Beratungsprozess hatten sie sich entschlossen, eine Entscheidung für Heirat und Kind zu fällen. Nun tauchte die Frage auf, ob und in welcher Weise man die Eltern zur Hochzeit einladen sollte. Mit einem Schlag wurde, wie die ganze Zeit vorher nie, ihre Verstrickung in Abhängigkeit und Widerstand gegenüber den Eltern deutlich. Darüber hatten sie sich all die Jahre vorher nie Rechenschaft gegeben. Sie hatten die Auseinandersetzung vermieden. Mit der Frage der eigenen Hochzeit lag diese Auseinandersetzung mit einem Schlag auf dem Tisch.

Eine klare, bewusste und definitive Beziehungsentscheidung ist oft der lange anstehende Schritt der Emanzipation von den eigenen Eltern. Erst dadurch nehmen beide den Erwachsenenstatus, den sie dem Alter nach schon lange erreicht haben, subjektiv in Besitz. Erst dann haben sie auch wirklich die Chance, eine Alternative zu entwickeln zu dem, was sie bei ihren Eltern als unbefriedigend erlebt haben.

Ein weiterer Grund, warum bewusste Beziehungsentscheidungen oft vermieden werden, liegt im Erleben, dass man sich mit jeder Entscheidung bestimmter Wahlmöglichkeiten beraubt. Jede Entscheidung schließt andere mögliche Entscheidungen aus. Solange man in einer undefinierten Beziehung lebt, hält man sich auch noch alle anderen Möglichkeiten offen. Vielleicht kommt doch noch ein anderer/eine andere, der/die mich mehr liebt. Und vielleicht will ich ja noch etwas ganz anderes machen, ganz woanders hinziehen oder überhaupt allein bleiben … Wenn ich keine definitive Entscheidung gefällt habe, bleibt das alles – scheinbar! – offen. Mit einer definitiven Beziehungsentscheidung lege ich mich aber fest – und schließe damit andere Möglichkeiten aus. Diese Tatsache macht Angst, und darum wird die Entscheidung vermieden.

Diese Argumentation ist eine Selbsttäuschung. Das Leben entscheidet vieles selber – ohne unser Zutun. Wenn ich Wahlmöglichkeiten verliere, liegt das nicht allein an meinen Entscheidungen. Je länger ich lebe, desto geringer werden meine Wahlmöglichkeiten, ob ich Entscheidungen fälle oder nicht. Irgendwann können keine Kinder mehr kommen. Irgendwann lohnt es sich nicht mehr, in ein gemeinsames Haus zu investieren. Irgendwann gibt es keine beruflichen Alternativen mehr. Das Vermeiden der bewussten Entscheidungen verhindert nicht die Reduzierung der Wahlmöglichkeiten. Es ist ein notwendiger Prozess, dass sich im Laufe der Zeit unsere Lebensmöglichkeiten verringern. Zum Reifungsprozess gehört, dass ich mich an diesem Prozess bewusst und aktiv beteilige und dass ich durch meine Entscheidungen die Breite der Möglichkeiten im Interesse einer Vertiefung bewusst reduziere. Zunächst stehen uns unendlich viele Möglichkeiten offen, und es ist gut und richtig, davon so viele wie möglich auszuprobieren. Aber mit der Zeit muss sich das Spektrum verengen. Ich kann nicht »alles« machen. Ich werde sonst ein oberflächlicher

Dilettant. Es geht ab einem gewissen Zeitpunkt nicht mehr nur ums Ausprobieren, sondern ums Verwirklichen, Aufbauen und Ausbauen. Dies ist ein wesentliches Kennzeichen der Reife: einiges wenige, aber das richtig!

Paare, die eine definitive Beziehungsentscheidung vermeiden, halten in ihrer Phantasie an der unbegrenzten Vielfalt der Möglichkeiten fest und behindern sich gerade dadurch, einige Möglichkeiten zu realisieren, zu vertiefen und »wirklich« zu machen.

Es ist außerdem eine sehr einseitige Sichtweise, zu sagen: Jede Entscheidung bedeutet eine Einengung. Das ist nur der eine Aspekt. Auf einer anderen Ebene stimmt gerade das Umgekehrte: Jede wichtige Entscheidung eröffnet neue Lebensmöglichkeiten, das Vermeiden dieser Entscheidungen beraubt uns dieser Lebensmöglichkeiten. Wenn das Paar eine definitive Entscheidung über seine Beziehung fällt, verzichtet es zwar auf die typische Lebensform der Jugend und nimmt Abschied von diesem Lebensabschnitt. Aber es eröffnet sich damit die Möglichkeiten des Erwachsenenalters, und wenn sie sich für ein Kind entscheiden, eröffnen sich die Partner die Lebens- und Entfaltungsmöglichkeiten der Elternschaft. Muttersein und Vatersein bringt eine völlig neue Qualität ins Leben, der sie sich sonst verschließen. Die Tatsache, dass die verschiedenen Lebensphasen je ihre eigenen Entfaltungsmöglichkeiten haben, die wir uns verbauen, wenn wir uns weigern, in sie einzutreten, wird freilich durch die in unserer Gesellschaft vorherrschende Jugend-Kultur verdeckt, die nur als positiv erscheinen lässt, was jung, sexy, vital und dynamisch ist. Wer aber viel mit alten Menschen geredet hat, die vielleicht schon auf zwei Generationen Nachkommenschaft zurückblicken können, der weiß, dass ein solches Leben, bei allem Leid, das da erfahren wurde, einen Reichtum enthält, mit dem derjenige sich nicht messen kann, der die Phase der Adoleszenz nie bewusst hinter sich gelassen hat.

Allerdings bedeutet der Eintritt in die neue Phase des Lebens als Paar, wenn sie als bewusster Schritt mit einer definitiven Entscheidung füreinander vollzogen wird, auch einen schmerzlichen Abschied. Er bedeutet den Abschied von der Existenz als Kind und Jugendlicher. Früher war es nicht nur den Eltern von Braut und Bräutigam, sondern auch den Brautleuten, jedenfalls der Braut erlaubt, bei der Hochzeit darüber zu weinen. Diese Gefühlsäußerung war angemessen und heilsam. Denn sie half, den Abschied auch wirklich zu vollziehen. Das Vermeiden solch definitiver Entscheidungen, auch das Vermeiden solch ritueller Akte wie die Hochzeit, verwischt solche Übergänge und verhindert, dass Abschiede wirklich vollzogen werden. Damit wird der Schritt von der einen Lebensphase in die andere beeinträchtigt, weil die Aufmerksamkeit noch immer in der vergangenen Phase gebunden ist.

Vielleicht sieht es nach dem Gesagten so aus, als wäre ich der Ansicht, für eine gelingende Paarbeziehung brauche es den Trauschein, womöglich sogar die kirchliche Eheschließung. Mir kommt es nicht auf die juristische Form als solche an, auch nicht auf dieses oder jenes Ritual. Es geht hier für mich nicht um weltanschauliche Argumente. Ich bin mir auch bewusst, dass es die verschiedensten und sehr berechtigte Gründe geben kann, aus denen heraus sich ein Paar gegen eine formelle Heirat vor dem Staat oder der Kirche entscheidet. Es geht darum, dass ein symbolischer, ritueller und öffentlicher Akt eine große Hilfe sein kann für die »Verleiblichung« der Entscheidung des Paares. Damit wird der Übergang in eine neue Lebensphase eindeutig markiert. Dafür ist ein Ritual, das öffentlich und gemeinschaftlich vollzogen wird, von unschätzbarem Wert. Man kann immer wieder beobachten, wie Paare, die sich aufeinander wirklich einlassen, auch wenn sie sowohl zur staatlichen wie zur kirchlichen Institution in großer Distanz stehen, aus ihrem eigenen Erleben heraus nach Möglichkeiten suchen, den Schritt ihrer Entscheidung füreinander rituell zu begehen. Das muss nicht vor dem Standesamt und nicht vor dem Geistlichen sein. Ich kenne eine Reihe von Paaren, die aus ihrem eigenen Unbehagen mit der herkömmlichen Form eigene Rituale entwickelt haben, mit denen sie im Kreis ihrer Freunde diesen Akt ausdrücklicher Beziehungsdefinition zum Ausdruck gebracht und gefeiert haben.

Ich habe immer wieder anklingen lassen, dass man es nicht einfach der Entwicklung überlassen kann, sondern Entscheidungen gefordert sind, weil es bei der Beziehung zwischen Mann und Frau um Verbindlichkeit geht. Eine Liebe zwischen Mann und Frau, die das Stadium der ersten Verliebtheit verlassen hat, tendiert auf Verbindlichkeit, sonst gleitet sie in Beliebigkeit ab. Mit Verbindlichkeit ist aber der Anspruch auf Dauer gegeben. Die Wachstumsideologie versucht sich um diesen Anspruch herumzudrücken und diffamiert ihn als Streben, den anderen zu besitzen. Dieses Streben gibt es natürlich, und man muss sich immer wieder klarmachen, dass man kein Besitzrecht auf den anderen hat und dass ständiges Loslassen ebenfalls zur täglichen Übung in der Paarbeziehung gehört. Aber der Anspruch auf Verbindlichkeit und Dauer hat nichts mit Besitzstreben zu tun. Er entspricht im innersten Kern der Hingabe aneinander. Wenn ich wirklich sage: »Ich bin dein Mann«, «Ich bin deine Frau«, entsteht Verbindlichkeit und der Anspruch auf Dauer. Und umgekehrt: Wenn ich Dauer und Verbindlichkeit von vornherein ablehne, lasse ich mich auf die Beziehung nicht ganz ein und relativiere sie von vornherein. Damit aber rückt sie der Wichtigkeit nach aus dem

117

Zentrum und gerät unter »ferner liefen«, was weder mir noch dem anderen noch unserem gemeinsamen Bedürfnis nach einer zentral wichtigen Beziehung gerecht wird. Wenn ein Paar diese Entscheidung füreinander fällt, sagen die Partner zueinander: »Ich will dich ganz als Mann.« – »Ich will dich ganz als Frau.«

»Ganz«: das schließt auch die zeitliche Dimension, die von unserer Existenz nicht zu trennen ist, mit ein. Nur eine solche Entscheidung lässt den anderen letztlich nicht allein, nur sie bedeutet Hingabe, nur sie schafft wirkliche Intimität.

Mit Verbindlichkeit und Dauer sind wir bei einem weiteren heiklen Thema angelangt, beim Thema der »Unauflöslichkeit« der Ehe. Um kein Missverständnis aufkommen zu lassen: Eine quasi gesetzlich festgelegte und mit dem formellen Akt der Eheschließung in Kraft tretende Unauflöslichkeit der Ehe, wie sie von der katholischen Kirche gelehrt wird, lehne ich ab. Mir ist bewusst, wie viel Unheil gerade diese Lehre angerichtet hat, weil sie dafür mitverantwortlich ist, dass Ehen unter menschenunwürdigen Bedingungen aufrechterhalten werden mussten. Doch bin ich der Überzeugung, dass der Hingabe zwischen Frau und Mann eine *innere* »Unauflöslichkeit« zukommt. Die Liebe fordert eine Entscheidung, die mich ganz betrifft, die den anderen ganz betrifft, die also, wenn sie überhaupt eine Entscheidung füreinander ist, zeitlich nicht begrenzt und auch nicht von vornherein an bestimmte Bedingungen geknüpft werden kann, nach dem Motto: »Wir wollen zusammenbleiben, solange wir uns gut verstehen

Diese Art von »Unauflöslichkeit« ist nicht gesetzlich vorgegeben und kann auch nicht unter Berufung auf den formellen Akt der Eheschließung eingeklagt werden. Sie hängt an der Ernsthaftigkeit der Entscheidung füreinander. Sie ist nicht ein vorgegebenes, unveränderbares Gesetz, sondern muss im Vollzug immer wieder neu errungen werden. Das heißt: Ob das unauflösliche Band überhaupt geknüpft wird, ob es hält oder wieder zerreißt, liegt nicht vollkommen in der Verfügbarkeit der beiden Partner. Es kann sich herausstellen, dass sie, obwohl sie es wollten, zum Zeitpunkt, da sie das Ja zueinander gesprochen hatten, zu einer solchen Entscheidung noch gar nicht reif waren. Dann »greift« diese Entscheidung nicht, das Band kommt gar nicht zustande. Oder es kann sein, dass die Liebe und die Verbindlichkeit, die zwischen ihnen da waren, durch ihr unachtsames Verhalten verspielt werden, zum Beispiel durch die Verletzung, die entsteht, wenn eine lange Zeit verheimlichte Außenbeziehung offenbar wird, oder aber auch durch die Relativierung einer Beziehung, die entsteht, wenn die Partner einander – liberal und großzügig – Außenbeziehungen grundsätzlich zugestehen. Was ursprünglich vorhanden war, kann durch solche Ereignisse und Vereinbarungen wieder verloren gehen, durch Schuld oder Schicksal, und dann hat es natürlich keinen Sinn, aufgrund eines formalen Anspruchs auf Unauflöslichkeit die Beziehung aufrechtzuerhalten. Schließlich kann es auch sein, dass das Leben uns andere Wege führt, als wir gewollt haben. Es kann sein, dass gegen unsere Absicht und unser Wollen, die auf Verbindlichkeit gingen, der Sinn der Beziehung darin lag, lediglich eine Zeitlang zusammen zu sein, um bestimmte Aufgaben aneinander zu erfüllen, zum Beispiel die Lösung innerer Abhängigkeiten und die Läuterung unserer symbiotischen Wünsche, dass sich aber dieser Sinn nun erschöpft hat, die Wege auseinanderführen und wir uns trennen müssen.

Alle diese Möglichkeiten sind gegeben, aber ich kann sie nicht vorwegnehmen, indem ich eine definitive Entschei-

dung vermeide oder indem ich in die Entscheidung bestimmte Bedingungen einbaue. Darum erscheint mir zwar
ein »Gesetz« der Unauflöslichkeit als unsinnig, und dennoch halte ich es für höchst angemessen, uns bei der Hochzeit zu sagen, dass wir zueinander stehen wollen, »… bis
der Tod uns scheidet«. Das allein entspricht der Unbedingt-
heit der Liebe, die entsteht, wenn Frau und Mann sich aufeinander einlassen.

Kapitel 7

Gott nicht, Priester nicht, Kirche nicht – dann wenigstens du!
Liebe als Religion

In all dem, was ich bis jetzt über das heutige Verständnis von Partnerliebe gesagt habe, hat sich gezeigt, dass ihr von den Menschen eine ungeheure Bedeutung eingeräumt wird. Dies ist etwas für unsere Zeit Spezifisches. Niemals zuvor spielte die Partnerliebe für das Glück und die Zufriedenheit der Menschen eine so entscheidende Rolle. Obwohl heutzutage die Beziehungen sehr viel weniger haltbar sind als früher, obwohl Scheidungen und Trennungen fast an der Tagesordnung sind, obwohl immer weniger Menschen heiraten, ihre Beziehung also in einer gewissen Vorläufigkeit belassen, und obwohl die Zahl der Singles unaufhaltsam steigt, gilt dennoch diese Aussage. Die angeführten Trends sind keine Argumente dagegen, sie sprechen sogar dafür. Gerade weil man von der Paarbeziehung so ungeheuer viel für sein persönliches Leben erwartet, gerade weil die Ansprüche an sie so ungeheuer groß geworden sind, gerade deshalb scheitern so viele daran. Für immer mehr Menschen scheint eine befriedigende Paarbeziehung die wichtigste Quelle von Sinn zu sein. Sonst wäre es nicht erklärbar, dass bei der überwiegenden Mehrzahl von Selbstmorden und Selbstmordversuchen Probleme in der Partnerbeziehung die entscheidende Rolle spielen, wie in wissenschaftlichen Untersuchungen nachgewiesen wurde und wie immer wieder Berater berichten, die mit Selbstmordgefährdeten arbeiten. Vielen Menschen zerbricht schlechthin ihr Lebenssinn, wenn ihre Liebesbeziehung zerbricht.

Heißt das aber nicht, dass im Leben vieler Menschen der Partnerliebe eine Bedeutung zugeschrieben wird, die früher der Religion vorbehalten war? Von der Liebe des Partners erwartet man nicht nur Intensität, Verschmelzung, Lust und Freude – all das, was ich in den letzten Kapiteln besprochen habe –, man erwartet von ihr nicht nur »Lebensqualität«, man erwartet von ihr das Heil. Die Partnerliebe erscheint als die Erfüllung aller menschlichen Sehnsüchte und der gesamten Glückserwartung. Sie soll uns von unserer menschlichen Begrenztheit befreien, wird also zum Träger der Heilserwartung und Erlösungssehnsucht.

Dies wird natürlich kaum einmal so direkt ausgesprochen, wie ich es hier tue. Es versteckt sich aber im Grunde in allen Erwartungen, über die ich in den vorangegangenen Kapiteln gesprochen habe.

Wie ist es nun gemeint, und wie lässt es sich verstehen, dass die Partnerliebe heute eine Art Religionsersatz geworden ist? Um auf diese Frage zu antworten, suchen wir zuerst eine Antwort auf die Frage: Worum geht es eigentlich in der Religion?

Die Religionen, so wie wir ihnen konkret in Ritualen, Überlieferungen und Übungen begegnen, sind nicht vom Himmel gefallen. Sie sind menschliche Schöpfungen, und sie reagieren auf menschliche Grundfragen. Das zentrale menschliche Grundproblem, auf das alle Religionen eine Antwort sein wollen, besteht in der einhelligen Erfahrung, dass der Mensch sich selbst nicht genug ist. Er ist nicht wie das Tier mit sich selbst in einer selbstverständlichen Harmonie. Was er erfährt, ist eine grundlegende Disharmonie. Diese wird unterschiedlich interpretiert: als Leiden des Menschen an der Endlichkeit oder als Schuld, der er verfallen ist. Es drängt ihn danach, diese Disharmonie aufzuheben. Alle Religionen beziehen sich auf diese Erfahrung und auf die Sehnsucht, die Disharmonie zu überwinden. Zum einen wollen sie ihm verständlich machen, wie es zu dieser Disharmonie kommt – zum Beispiel in der Karma-Lehre oder in der Lehre vom Sündenfall –, zum anderen und vor allem wollen sie einen Weg weisen, wie er seine Disharmonie, seine Unerlöstheit, überwinden und heil werden kann.

Was die Religionen zu diesem letzten Punkt, zum Heilsweg, zu sagen haben, hat immer einen zweifachen Aspekt: Zum einen, dass der Mensch auf diesem Weg seine Grenzen, in denen er sich als unheil erfährt, überwinden und sich mit einem größeren Ganzen vereinigen kann. Die Heilswege der Religionen haben immer mit Entgrenzung und mit Vereinigung zu tun. Zum anderen wird dieses größere Ganze, mit dem sich der Mensch vereinigen soll, immer als eine transzendente, ihn übersteigende Wirklichkeit gesehen. Das Heil ist immer Vereinigung mit einer umfassenden Ganzheit, ob sie nun Gott, Atman, Nirwana, Kosmos oder wie immer genannt wird. Der Mensch ist also in seinem Wesenskern Teil dieser größeren Ganzheit, und diese ist immer schon im Menschen anwesend, nur der Mensch ist sich dessen nicht bewusst, hat es vergessen oder hat sich verschlossen, und er sucht darum das Heil in der falschen Richtung, im »Außen«. Die Religionen wollen darum den

Menschen bei seiner Suche in die richtige Richtung bringen. Dazu bieten sie ihm Übungen, Gebete, Rituale und so weiter an, um ihn vom »Außen« ins »Innen« und damit in Kontakt zu der höheren Wirklichkeit zu bringen. Im Ausmaß, in dem dieser Kontakt gelingt, ahnt der Mensch, was Überwindung der Begrenztheit und der Disharmonie bedeutet, und dadurch erfährt er in seinem konkreten Leben Sinn.

Nun ist unübersehbar, dass die Menschen heute immer noch das Ungenügen an sich selbst erfahren und danach suchen, ihre Disharmonie zu überwinden, dass aber – jedenfalls in der westlichen Welt – die Religionen aufgehört haben, eine kollektiv wirksame Interpretation und Wegweisung dafür zu sein. Sie werden von der Mehrzahl nicht mehr als wirksame Antwort auf die menschlichen Grundfragen empfunden. Das war in früheren Zeiten anders. Selbst wenn der Einzelne die Aussagen der Religion nicht verstand, auch wenn er nicht wusste, was er in ihren Ritualen mit vollzog, bestimmte dennoch die Religion sein Bewusstsein in hohem Maß. Sie war durch die feste Verankerung der Kirche in der Gesellschaft als kollektive Wirklichkeit unabweisbar präsent.

Der Einzelne war – anders als heute – von vornherein in übergreifende Ganzheiten eingebunden: in die Familie, die Verwandtschaft, die Dorf- und die Kirchengemeinde. Er war dadurch von vornherein an eine größere Ganzheit angeschlossen. Diese Ganzheit war sinnstiftend, denn sie hatte religiösen Charakter: Die Autorität ihrer Repräsentanten, angefangen mit Papst und Kaiser und bis hinab zum väterlichen Oberhaupt der Familie, wurde direkt von Gott hergeleitet. Die religiöse Symbolik, die den Menschen damals umgab, die Rituale, die er im Tages-, Wochen- und Jahreszyklus selbstverständlich mit vollzog, weil sie einfach Teil seines Lebens waren, machten ihn immer wieder darauf aufmerksam, dass diese Ganzheit transzendenten Charakter hatte und dass er mit seiner Erlösungssehnsucht letztlich auf eine jenseitige Wirklichkeit verwiesen war.

Die religiöse Dimension war also einerseits in seinem Leben und in seinen sozialen Beziehungen selbstverständliche Wirklichkeit. Er war an diese Dimension angeschlossen, ob er dies bewusst nachvollzog oder nicht. Zugleich aber konnte er nie auf den Gedanken kommen, dass in dieser Welt und in den menschlichen Beziehungen seine Erlösungssehnsucht zu stillen wäre. Die Rituale, Symbole und Geschichten, mit denen er es zu tun hatte, verwiesen ihn ja ständig auf ein »Jenseits«.

Mit dem Verweis aufs Jenseits wurde im Laufe der Geschichte viel Schindluder getrieben. Viele unmenschliche Zustände wurden damit begründet und gerechtfertigt, so dass Karl Marx die Religion, so wie er ihr konkret begegnete, zu Recht als »Opium des Volkes« bewertete. Es war darum ein unausweichlicher Prozess, dass die Menschen sich im Laufe der letzten 200 Jahre von der Religion als gesellschaftlich vorgegebener Wirklichkeit emanzipierten. Mit dieser Emanzipation ging die Auflösung der sozialen Ordnung Hand in Hand. Durch die Industrialisierung lösten sich die Menschen aus den früheren sozialen Bindungen und ihren weltanschaulichen Bezügen. Eine umfassende Individualisierung begann um sich zu greifen, eine Freisetzung des Individuums aus vorgegebenen Bindungen. Die Befreiung war die eine Seite, die andere war der Verlust des bisher gesellschaftlich abgesicherten Sinnzusammenhangs. Die religiöse Dimension des Daseins trat mehr und mehr in den Hintergrund. Die religiösen Formen verschwanden. Was früher selbstverständlich war – Bibeltexte, theologische Formulierungen, Riten –, das wurde plötzlich hinterfragt, inwiefern es für den Einzelnen, sein subjektives Empfinden und sein konkretes Leben, etwas Bedeutsames zu sagen hatte. Der Einzelne macht die religiösen Formen nicht mehr einfach mit. Wenn er nicht feststellen kann, dass sie ihm subjektiv etwas »bringen«, werden sie für ihn uninteressant, und er ignoriert sie. Damit hat die Religion heute ihre Funktion als Antwortgeber und Wegweiser für die grundlegenden Lebensfragen des Menschen weithin verloren.

Das heißt aber nun bei weitem nicht, dass damit auch die religiöse Fragestellung, das Suchen nach Überwindung der Disharmonie, die Sehnsucht nach der Vereinigung mit dem Ganzen aus dem Bewusstsein der Menschen verschwunden wäre. Versuche, die eigenen Grenzen zu sprengen, über sich selbst hinauszuwachsen, die Sehnsucht nach Ekstase und Verschmelzung sind heute überall zu spüren. Der Psychoboom, bei dem es ja zum geringsten Teil um Heilung von Krankheit, viel häufiger um das Erleben neuer Wirklichkeitsdimensionen geht, die Esoterikwelle, die epidemisch anwachsenden Süchte – Sexsucht, Esssucht, Arbeitssucht, Drogensucht, Alkoholsucht – sind deutliche Zeichen, wie stark eine im Kern religiöse Sehnsucht heute neu aufbricht. Auch die Erwartung an die Partnerliebe hat diesen Charakter.

Die sinnstiftenden Gemeinschaften haben sich aufgelöst. Ihre Repräsentanten haben den religiösen Glanz verloren, die damit in Verbindung stehenden Gottesbilder haben keinen Wirklichkeitsgehalt mehr. Die Sehnsucht, aus den eigenen Grenzen befreit zu werden, der Wunsch nach Verschmelzung mit dem »Anderen« richtet sich daher nicht mehr auf ein »Jenseits«, sondern auf diese Welt, und vor allem auf das »Du«, den Liebespartner. Vor allem da, wo man Psychoboom und Esoterik abwehrt, weil man Angst davor hat, oder da, wo man Drogen ablehnt oder ihrer überdrüssig geworden ist, bekommt der Partner diese zentrale Stellung. In der sexuellen Vereinigung wird – dem Wunsch oder der Wirklichkeit nach – Ekstase, Entgrenzung, »aus sich selbst heraus« und »über sich selbst hinaus«, erfahren. »Gott nicht, Priester nicht, Klasse nicht, Nachbar nicht, dann wenigstens du«,[17] schreibt der Soziologe U. Beck zur Charakteristik dieser Situation. Und in der Auswertung einer Umfrage heißt es: »Die jungen Frauen und Männer erklären beide die Partnerschaft zur höchsten Lebensorientierung.«[18] Das »Glück in der Liebe«, gefasst vor allem als gefühlsmäßig erlebte und sexuelle Erfüllung, wird also von vielen Menschen heute mit »Erlösung« gleichgesetzt.

Dies ist natürlich eine ungeheure Überforderung für den einzelnen Partner. Einer solchen Erwartung hält keine Beziehung stand. Warum die Zahl der Ehescheidungen und Trennungen heute so groß ist, darüber ist schon sehr viel geschrieben und geforscht worden. Viel zu wenig wurde dabei bisher beachtet, dass die Übertragung der religiösen Sehnsucht auf die Partnerliebe wahrscheinlich eine der tiefsten Wurzeln heutiger Beziehungsinstabilität ist. Denn diese unbewusste Übertragung muss zur Enttäuschung führen. Auch der intensivste Liebesakt sprengt unsere Begrenztheit nicht wirklich. Die Erfahrung ist vorübergehend, und wir bleiben darin auch *einsam,* eine Erfahrung, die wohl in dem Satz aufbewahrt ist: »Omne animal triste post coitum« (»Jedes Lebewesen bleibt nach dem Liebesakt traurig zurück«). Unser Sehnsuchtspotential ist auf Dauer in keiner erotischen Beziehung unterzubringen, sondern übersteigt sie grundsätzlich. Wer dies nicht wahrhaben will, wird beziehungs-, liebes- oder sexsüchtig und endet in der Selbstzerstörung.

Ich möchte noch etwas genauer auf das Verhältnis von religiöser Erfahrung und Partnerliebe, von Religion, Transzendenz und Erotik eingehen.

1. Wenn ich sage, unser Sehnsuchtspotential sei in keiner erotischen Beziehung unterzubringen, will ich damit keineswegs bestreiten, dass in der erotischen Beziehung und in der Partnerliebe eine religiöse Dimension berührt wird. Im Gegenteil. Ich mache immer wieder die Erfahrung, dass Menschen, die sich verlieben, »fromm« werden. Das gilt radikal, ohne Rücksicht auf gesellschaftliche, moralische und kirchliche Gepflogenheiten und Gesetze. Es kann in der unschuldigsten ersten Liebe zweier Jugendlicher wie auch in der »unmoralischsten« Außenbeziehung eines etablierten Ehemannes und Vaters vieler Kinder geschehen. Eine Dimension bricht mit einem Schlag ins Leben ein, die alles verändert. Dinge, die vorher entscheidend wichtig waren, Geld, Prestige, moralische Rechtschaffenheit, das alles wird bedeutungslos und tritt in den Hintergrund. Es kommt zu einer Umwertung aller Werte. Die Liebe trägt die beiden über sich selbst hinaus in ein »Land unbegrenzter Möglichkeiten«. Momenthaft verschmelzen sie tatsächlich mit einer transzendenten Wirklichkeit, von der aus alles in einem neuen Licht erscheint. Die Liebeserfahrung, vor allem die erotisch-sexuelle, hat also tatsächlich religiösen Charakter. Nirgendwo sonst bricht heutzutage die transzendente Dimension, mit der zu verschmelzen unsere letzte Bestimmung ist, so unabweisbar in unser Bewusstsein ein – abgesehen vielleicht von der Erfahrung mit psychedelischen Drogen.

Dass dies so ist, wird noch besser verständlich, wenn wir bedenken: Im sexuell-erotischen Akt vollziehen Mann und Frau die Vereinigung des weiblichen und männlichen Prinzips, also der Grundprinzipien unseres Daseins, sie leben und erleben damit die »Coincidentia oppositorum«, die »Aufhebung« – Überwindung und zugleich Bewahrung – der Grundpolarität unseres Daseins, und vollziehen damit die »heilige Hochzeit«, die in den Religionen immer wieder als Symbol für Heil und Erlösung auftaucht. Dieser Vorgang wird im Liebesakt subjektiv zur Erfahrung, und darum hat dieser religiösen Charakter.

2. Aber die Geschlechterliebe darf im Leben des Menschen nicht den Stellenwert der Erlösung schlechthin bekommen. Was ich im ersten Kapitel gesagt habe, gilt unter diesem Aspekt hier erst recht: Die Liebenden müssen sich bewusst bleiben, dass die »Unio mystica«, die sie in der erotischen Ekstase erfahren, ein Aufleuchten ist, eine Vision. Die Vereinigung der Liebenden wird transparent hin auf die Unio mystica, ist sie aber noch nicht selbst. Sie muss wieder aufgegeben, losgelassen werden, sonst verblasst sie und zerrinnt uns unter unseren Händen. Die Liebe zwischen den Geschlechtern kann die Sehnsucht nach der umfassenden Vereinigung nicht stillen. Sie ist eher dazu da, sie in uns wachzuhalten und uns auf den Weg dahin zu schicken.

Dies wird aber kaum gelingen, wenn nicht ein grundsätzliches Bewusstsein von der transzendenten Bestimmung des Menschen in den Liebenden wach ist. Dann müssen sie nämlich die Vision mit der Wirklichkeit, den »Anfang« mit der »Ewigkeit« verwechseln. Wenn die Liebenden in ihrem Bewusstsein die göttliche Vereinigung nicht von der menschlichen Vereinigung unterscheiden, werden sie ihre religiöse Sehnsucht an die erotische Erfahrung hängen, werden davon enttäuscht sein, werden weiter suchen, weiter enttäuscht werden, und schließlich wird ihr Suchen zur Sucht, entweder direkt zur Sex- und Beziehungssucht oder verschoben zur Ess-, Mager-, Arbeits- oder Drogensucht.

3. Damit die religiöse Dimension in der Partnerliebe bewusst bleibt und dennoch diese »entmythologisiert«, also von ihrem Charakter als Religionsersatz befreit wird, ist ein Zweifaches nötig. Zunächst müssen wir uns klarmachen: Der heutige Mensch kann nur religiös sein, wenn Religion für ihn auf religiöser *Erfahrung* beruht. Und zweitens: Es braucht für die religiöse Erfahrung einen eigenen Raum, in dem sie »als solche«, sozusagen unvermischt mit anderen menschlichen Vollzügen, gepflegt wird. Nur so wird eine Identifizierung und Vermischung mit anderen Erfahrungen vermieden.

Zum ersten: Die in den letzten 200 Jahren vollzogene Freisetzung des Individuums aus vorgegebenen und übergreifenden Bindungen hatte eine ganz starke Hinwendung zum Subjekt und zum Subjektiven zur Folge. Bedeutsam für das Leben der Menschen ist nun nicht, was ihnen objektiv vorgegeben ist, sondern nur, was sie subjektiv erfahren. Objektive Normen bleiben wirkungslos oder können nur mit Gewalt durchgesetzt werden, wenn sie nicht auch subjektiv als nötig und sinnvoll erfahren werden. Einer »objektiven« Autorität beuge ich mich nur zähneknirschend, wenn die betreffende Person nicht auch subjektiv als Autorität von mir erlebt wird. Das letzte Kriterium unseres Handelns sind wir selber, unsere Erfahrung, unser Gefühl, unsere Einsicht und Intuition. Selbst wenn wir unter dem Zwang der Verhältnisse oft anders handeln, unserer Überzeugung nach bleibt es dennoch so. Genauso ist es mit der Religion. Ein Bibeltext bleibt für mich bedeutungslos, es sei denn, er hilft mir, eine entsprechende Erfahrung zu interpretieren. Ein vorgegebenes Ritual empfinde ich als »Theater«, es sei denn, es hilft mir, etwas, was ich in mir habe, zum Ausdruck zu bringen. Ein Gebet wird zur leeren Formel, es sei denn, ich spüre, dass es mich, während ich es spreche, an eine andere Dimension ankoppelt.

Darum ist es heute die wichtigste, wenn nicht einzige sinnvolle Funktion der offiziellen Verkünder der Religion, zu religiöser Erfahrung anzuleiten. Nur dann werden sie nicht als überflüssig erlebt. Ansonsten sucht sich die Sehnsucht nach Erlösung andere Wege, in die Therapie-, Esoterik-, Drogenszene oder eben im erotischen Erleben. Es ist darum bezeichnend und auch sehr zu begrüßen, dass Meditations- und Besinnungszentren heute einen ungeheuren Zulauf haben. Hier werden die Menschen angewiesen, Erfahrungswege zu beschreiten, in denen das, wovon die Religionen immer gesprochen haben, wieder zum subjektiven Erleben wird. Dagegen scheint mir der offizielle Kirchenbetrieb in den Gemeinden noch viel zu sehr entweder an »objektiver« Verkündigung und »objektivem« rituellem Vollzug oder an sozialen Aufgaben orientiert, während die wichtigste Aufgabe, Menschen zu religiöser Erfahrung anzuleiten, außer Acht gelassen wird.

Warum aber ist – und damit komme ich zum zweiten Punkt – ein eigener Raum für die religiöse Erfahrung erforderlich? Warum genügt es nicht, die religiöse Dimension anderer Erfahrungen, wie der erotischen, immer wieder bewusstzumachen? Die Erfahrung lehrt, dass der Mensch auch über die intensivste erotisch-sexuelle Erfahrung hinaus immer noch sucht, weil er auch darin seine Erfüllung nicht wirklich findet. Sie ist eine Ahnung, nicht die Erfüllung selbst. Es ist nötig, dass der Mensch sich diesem »Darüber hinaus« öffnet, ihm einen

Platz in seinem Bewusstsein einräumt, sonst gerät er immer wieder in Gefahr, die Vision mit der Wirklichkeit zu verwechseln. Der religiösen Erfahrung als solcher einen eigenen Raum im Leben zu lassen heißt, sich auf dieses »Darüber-Hinaus« ausdrücklich einzulassen.

Wie das gehen kann, möchte ich am Beispiel der gegenstandslosen Meditation, wie sie im Zazen und – in christlicher Tradition – in der Kontemplation[19] gelehrt wird, aufzeigen. Der Grund, dass ich dieses Beispiel wähle, liegt darin, dass mir hier der Weg zu religiöser Erfahrung als solcher in ihrer Unterschiedenheit zu anderer Erfahrung und in ihrer Verbundenheit damit am konsequentesten gegangen und am reinsten verwirklicht scheint. Die Praxis gegenstandsloser Meditation besteht im Kern darin, alles, woran mein Bewusstsein, mein Verlangen und meine Sehnsucht sich hängt, immer wieder loszulassen, in einem ständigen, unaufhörlichen Prozess. Alle Wünsche, alle Gedanken, alle Bilder, an denen sich meine Aufmerksamkeit festklammern will, lasse ich immer wieder los. Dazu gehört alles, woran ich mein Herz hängen möchte: mein Bedürfnis nach Sicherheit und Geborgenheit genauso wie mein Verlangen nach erotischer Ekstase, wenn es mich erfassen will. Dazu gehören aber auch alle religiösen Vorstellungen und Bilder, auf die meine religiöse Sehnsucht sich richten will. Ich lasse auch alle Vorstellungen von Gott los, die patriarchalen Gottesbilder genauso wie die »modernen« Bilder von Gott als der »Großen Mutter-Gottheit« oder ähnliche Vorstellungen. Der Meditierende übt, sich leer zu machen, wobei sinnliche, triebhafte Regungen, geistige Inhalte oder religiöse Vorstellungen im Grunde alle denselben Stellenwert haben: Sie bevölkern mein Bewusstsein und hindern es am »Darüber-Hinaus«. Indem der Meditierende sein Bewusstsein entleert, realisiert er im praktischen Üben »Transzendenz«. Er öffnet sich damit jener Wirklichkeit, der er eigentlich angehört und von der ihn »die Dinge« immer wieder ablenken. Natürlich kann auch hier die »Erleuchtung«, das Bewusstwerden der Vereinigung meiner Seele mit dem umfassenden Ganzen, nicht herbeigezwungen werden. Sie bleibt ein unverfügbares Geschenk. Aber der Übende bekommt ein immer stärkeres Bewusstsein davon, dass er mit seinem innersten Kern in den Raum der Transzendenz hineinreicht. Er lernt auf jeden Fall eines zu vermeiden: die »Unio mystica« mit irgendetwas zu verwechseln, was hier in dieser Welt und mit anderen Menschen zu erfahren ist. Es wird ihm immer deutlicher, dass alles, was er hier in der Welt erfahren kann, »es noch nicht ist«. Er lernt damit, göttliche und menschliche Liebe nicht miteinander zu vermischen, auch wenn ihm ihre innere Verbindung miteinander gerade auf diesem Weg immer deutlicher wird.

4. Wenn Paare sich auf einen religiösen Erfahrungsweg einlassen, gibt das ihrer Paarbeziehung eine gemeinsame Richtung. Sie schauen nicht mehr so sehr einander an, ihre Blicke richten sich auf ein gemeinsames Drittes. Dies bedeutet eine heilsame Relativierung und Entmythologisierung ihrer Paarbeziehung. Heilsam ist sie deshalb, weil sie die Partnerliebe von unangemessenen Ansprüchen entlastet. Andererseits bekommt ihre Beziehung zueinander einen neuen Charakter, weil ihre religiöse Dimension nicht versteckt und ihnen selbst unbewusst bleibt, sondern als gemeinsame Ausrichtung klar ins Bewusstsein gehoben wird. Dies führt oft auch zu einer Neubelebung traditioneller religiöser Formen. Was sie vielleicht nicht mehr oder bloß noch gewohnheitsmäßig vollzogen haben, die

herkömmlichen Texte, Riten und Lieder, bekommt einen neuen, vom Weg ihrer eigenen religiösen Erfahrung her gefüllten Gehalt. Sie werden so von den unguten Assoziationen der eigenen Geschichte und religiösen Erziehung befreit und auf neue Weise lebendig. Aber auch viele andere Bereiche des alltäglichen Lebens, vor allem die zwischenmenschlichen Bezüge, werden durch die Meditation zu Symbolen für die ersehnte Vereinigung mit dem Ganzen oder jedenfalls für die gemeinsame Annäherung daran, ohne dass die Gefahr einer Verwechslung und Vermischung bestünde. Für das Unsagbare, das ich in der Übung der gegenstandslosen Meditation ahne und auf das ich meine Wachheit ausrichte, wird dann alles Gegenständliche in neuer Weise transparent.

Der sexuellen Vereinigung kommt dabei ein ganz besonderer Stellenwert zu. Unter den nichtexplizit-religiösen Vollzügen unseres Lebens ist diese wohl der religiöseste, weil sie uns in unserem Eigensten und Tiefsten mit Leib und Seele erfasst, uns über uns selbst hinaushebt und uns an dem sich ständig vollziehenden Akt der Schöpfung mit beteiligt. Der Weg der meditativen Übung ist, so gesehen, keineswegs ein asketischer Weg. Wenn wir auf diesem Weg sind, verzichten wir auf eine einseitige Überbetonung einzelner menschlicher und zwischenmenschlicher Vollzüge. Aber dies vorausgesetzt, wird durch den meditativen Weg alles, was menschlich ist, mit einem neuen Sinn und einer neuen Tiefe erfüllt. Wenn wir Religion nicht mehr mit Moral verwechseln, sondern als einen Weg konkreter subjektiver Erfahrung verstehen, kann sie deshalb gerade eine Hilfe sein, neben übersteigerten Erwartungen an die sexuell-erotische Beziehung auch alle falsche Scham und Hemmung in ihrem Vollzug abzulegen.

Eine »objektive«, von der menschlichen Erfahrung losgelöste Religiosität hat wesentlich dazu beigetragen, die Menschen in Unmündigkeit und Angst zu halten. Sie hat ihnen gerade im Bereich der Partnerliebe viele Verletzungen zugefügt und Hemmungen auferlegt. Damit hat sie die Menschen provoziert, sich von ihr zu befreien, und dadurch haben sie sich in tausend Irrwege der Vermischung und Verwischung der verschiedenen Ebenen des Daseins verstrickt. Eine neue Religiosität, die sich als Erfahrungsweg versteht, wie es in den meditativen Bewegungen heute der Fall ist, könnte eine Wende einleiten: Sie könnte helfen, dass die Partnerliebe von übersteigerten Erwartungen befreit – in diesem Sinne »entmythologisiert« – wird und dennoch in der Gesamtperspektive der menschlichen Bestimmung einen religiösen Sinn und damit eine neue Tiefe zurückgewinnt.

Schluss

Nun habe ich also das neo-romantische Liebesideal arg zerzaust. Der Liebe als Liebeserlebnis habe ich den gemeinsamen »Übungsweg« entgegengesetzt, dem Anspruch auf Dauerverschmelzung die Notwendigkeit der Abgrenzung und Distanzierung, der Liebe als ego-verhaftete Selbstverwirklichung das Sich-Einlassen auf den andern, dem Totalanspruch auf den Partner die Relativierung durch andere freundschaftliche Beziehungen, der Überbetonung der sexuellen Lust die Zentrierung auf die ganzheitliche Hingabe an das Du, der Wachstumsidee die Notwendigkeit von Entscheidung und bewusster Formgebung und schließlich der quasireligiösen Überbewertung der erotischen Liebe deren Entmythologisierung durch eine neue, erfahrungsbezogene Religiosität.

Ich bin mir bewusst, dass dieses Gegenbild komplexer ist als das märchenhaft einfache des romantischen Ideals. Dass es deshalb nicht weniger faszinierend sein muss, das wissen die, die es erfahren haben. Einer von ihnen war überraschenderweise Ernst Bloch, der in diesem Punkt wohl nicht als Ideologe der 68er gelten kann. Wolfgang Teichert machte mich vor kurzem auf den folgenden poetischen Text aufmerksam, den ich mit dem Gefühl von Dankbarkeit hier an den Schluss stellen möchte:

»Gesunde Ehe ist ein undramatisches Ding. Und trotzdem ist Ehe so fern von einem bloßen moralischen Nachtrag zur Liebe, dass sie gerade im Vergleich zu ihr ein seltsam Neues darstellt: das Abenteuer erotischer Weisheit. So dass sie das gelingende oder nicht gelingende Experiment einer Kommunion darstellt, die weder in Sexualliebe noch in irgendeiner bisher erschienenen sozialen Gemeinschaft ihresgleichen findet. Derart erscheint Ehe als die Utopie einer der freundlichsten wie strengsten Ausprägungen des menschlichen Lebensgehaltes; derart ist die Bewährung nicht nur, ja zuletzt überhaupt nicht mehr, die des gemalten Paminabilds, des Jungfräulichen der Begegnung. Vielmehr kommt zur Utopie des Paminabilds in Taminos Hand die Musik der Feuer- und Wasserprobe hinzu. Diese bezeichnet und bedeutet nun nicht weiter die Braut, sondern die Ehe, nicht weiter die Leidenschaft, sondern die Freundschaft der Liebe, die eben Ehe heißt ... Die Ehe eröffnet und besteht die Feuerprobe der Wahrheit im Leben der Gatten, der standhaften Befreundung des Geschlechts im Leben des Alltags. Gast im Haus, ruhende Einheit bei feiner, brennender Andersheit, dieses wird mithin die Imago (das Bild) der Ehe und der Nimbus, den zu gewinnen sie unternimmt. Oft mit falscher Wahl, wie bekannt, mit Resignation als Regel, mit Glück als Ausnahme, fast noch als Zufall. Und selten wird Ehe gar die überbietende Wahrheit des initial (anfänglich) Erhofften, mithin tiefer, nicht bloß wirklicher als sämtliche Brautlieder. Dennoch hat sie ihren utopischen Nimbus zu Recht: Nur in dieser Form arbeitet das keineswegs einfache, das hintergründige Wunschsymbol des Hauses, ist überhaupt Aussicht auf gute Überraschung und Reife. So tausendmal besser Liebesleid ist als unglückliche Ehe, an der überhaupt nur noch Leid ist und Fruchtloses, so zerstreut sind die Landabenteuer der Liebe gegen die große Schifffahrt, die Ehe sein kann und die mit dem Alter nicht aufhört, nicht einmal mit dem einseitigen Tod.«[20]

Anmerkungen

1 Erich Kästner, Sachliche Romanze, aus: ders., Lärm im Spiegel, © Atrium Verlag, Zürich, und Thomas Kästner.
2 Vgl. dazu Herrad Schenk, Freie Liebe – wilde Ehe. Über die allmähliche Auflösung der Ehe durch die Liebe, München 1987, S. 125–130.
3 Zitiert nach Herrad Schenk, s. o., S. 206.
4 Auf die Wichtigkeit der »Anfangs-Vision« und ihre Wiederbelebung hat mich Rosemarie Welter-Enderlin, Ausbildungsinstitut für Systemische Therapie in Meilen, Schweiz, hingewiesen. Dazu ihr Buch: »Paare – Leidenschaft und lange Weile. Männer und Frauen in Zeiten des Übergangs«. München/Zürich 1992, hier vor allem S. 67–72 und durchgängig unter dem Stichwort »Paarmythos«.
5 Auch die Metapher von der »Insel« stammt von Rosemarie Welter-Enderlin. Vgl. dazu das eben genannte Buch.
6 So lautet der Titel des berühmten Buches von Karlfried Graf Dürckheim, Untertitel: Vom Weg zur Verwandlung, Stuttgart 1987[9].
7 Zu dieser Paar-Konstellation vgl. Hans Jellouschek, Der Froschkönig. Ich liebe dich, weil ich dich brauche, Zürich 1991[3].
8 Rosemarie Welter-Enderlin, »Widerstand in der Familientherapie«, in: Praxis der Psychotherapie und Psychosomatik Nr. 33/ 1988, S. 208–217.
9 Hans Jellouschek, Die Froschprinzessin. Wie ein Mann zur Liebe findet, Zürich 1991[3].
10 Friedrich Rückert, Du bist mein Mond, zitiert bei Ulrich Beck und Elisabeth Beck-Gernsheim, Das ganz normale Chaos der Liebe, Suhrkamp-TB, Frankfurt a.M. 1990, S. 70 f.
11 Elisabeth Beck-Gernsheim, s. Anm. 10., S. 123.
12 Dieses »Gestaltgebet« erscheint in der Literatur in verschiedenen Fassungen. Ich zitiere es hier aus der mündlichen Überlieferung der Encounter-Bewegung.
13 Dieser Gedanke von Viktor E. Frankl, dem Begründer der Logotherapie und Existenzanalyse, wird in allgemeinverständlicher

Form dargelegt von Alfried Längle, Sinnvoll leben. Angewandte Existenzanalyse, St. Polten 1987.

14 Bertolt Brecht aus: Der gute Mensch von Sezuan, Gesammelte Werke, Band 4, © Suhrkamp Verlag, Frankfurt a. M. 1967, S. 1552.

15 So der Titel des bekannten Buches: Peter Schellenbaum, Das Nein in der Liebe. Abgrenzung und Hingabe in der erotischen Beziehung, Stuttgart 1984.

16 Dies ist einer der anthropologischen Grundgedanken von Viktor E. Frankls Logotherapie. Vgl. dazu Viktor E. Frankl, Das Leiden am sinnlosen Leben, Freiburg i. Br. 1978.

17 Ulrich Beck in: Das ganz normale Chaos, vgl. Anm. 10., S. 49.

18 I. Langer, »Familie im Wandel«, in: Einblicke 2/1990, Zeitung der Arbeitsstelle für Erwachsenenbildung der Evangelischen Kirche in Hessen und Nassau, S. 7.

19 Vgl. dazu Willigis Jäger, Kontemplation. Gottesbegegnung heute, Salzburg 1982; Ders.: Kontemplatives Beten. Schriften zur Kontemplation, Münsterschwarzach 1985; Ders.: Suche nach dem Sinn des Lebens. Bewusstseins-Wandel durch den Weg nach innen. Vorträge, Ansprachen, Erfahrungsberichte, Petersberg 1991.

20 Ernst Bloch in: Das Prinzip Hoffnung, Erster Band, © Suhrkamp Verlag Frankfurt a. M., S. 380.

Literatur zum Thema des Buches

Ich nenne im Folgenden nur Titel, die sich – ausgesprochen oder nicht – ebenfalls mit dem romantischen bzw. neo-romantischen Liebesideal auseinandersetzen.

Ulrich Beck/Elisabeth Beck-Gernsheim, Das ganze normale Chaos der Liebe, Suhrkamp-TB, Frankfurt a. M. 1990.

Herrad Schenk, Freie Liebe – wilde Ehe. Über die allmähliche Auflösung der Ehe durch die Liebe, München 1987.

Erich Fromm, Die Kunst des Liebens, Ullstein Buch Nr. 258, Frankfurt a. M. 1956.

Peter Schellenbaum, Das Nein in der Liebe. Abgrenzung und Hingabe in der erotischen Beziehung, Stuttgart 1984.

Robert A. Johnson, Traumvorstellung Liebe. Der Irrtum des Abendlandes, Knaur TB 3821, München 1983.

Rosemarie Welter-Enderlin, Paare – Leidenschaft und lange Weile. Männer und Frauen in Zeiten des Übergangs, München/Zürich 1992.